有錢人的煉金方「晨」式

MIRACLE MORNING MILLIONAIRES

哈爾．埃爾羅德 Hal Elrod　大衛．奧斯本 David Osborn　昂諾莉．寇德 Honorée Corder ——著
林靜華 ——譯

哈爾

謹將此書獻給我生命中最重要的人——我的家人。

母親、父親、我的姐姐海莉、我的妻子烏蘇拉，

以及我的兩個孩子蘇菲與哈爾斯登——

我愛你們勝過世上的一切！

並以本書紀念我親愛的姐姐

艾莫莉・克麗絲汀・埃爾羅德。

大衛

謹以此書獻給我的家人，

特別是我的妻子崔西、

我的兩個女兒琪芬與貝拉、我的兒子盧克、

每天為我們的使命效力的團隊，

以及世上每一個渴望獲得豐碩人生的人。

contents

目錄

✦第三部 幫助你邁向財富之路的三個個人成長練習

哈爾的特別邀請

《上班前的關鍵一小時》（The Miracle Morning）的讀者與根據這本書身體力行的人，已共同形成一個不同凡響的社群，這十五萬多名來自世界各地志同道合的人每天有目的地醒來，投入時間，努力發揮人人都具有的無限潛力，並幫助其他人也做同樣地事。

身為《上班前的關鍵一小時》的作者，以及「創造早晨奇蹟」（Miracle Morning）的創始人，我覺得我有責任建立一個網路社群，讓讀者能在這個網站相互交流，彼此鼓勵，分享最好的心得，互相支持打氣，討論本書的內容，轉貼影片，尋找一個責任夥伴，甚至可以彼此交換精力湯食譜與運動作息。

然而，我萬萬沒有想到「創造早晨奇蹟」社群有一天會成為世界上最正向、最多人積極參與及支持的網路社群之一。我為我們會員的素質與特性感到震驚，他們遍及七十多個國家，並且每天都在增加中。

請造訪 www.MyTMMCommunity.com 網站，並加入**臉書**的「創造早晨奇蹟社群」（The Miracle Morning Community），你立刻可以和十五萬多名已在努力實踐「創造早晨奇蹟」的人連結。你會發現許多人才剛剛開始修習「創造早晨奇蹟」，但你也會發現有更多人已行之有年，且樂於分享他們的建議、支持與指導，幫助你提高你的成就。

這個社群由我主持與定期檢查，因此我期待在那裡與你相見！如果你想在社群媒體上和我本人聯絡，請追蹤**推特** @HalElrod 及**臉書** Facebook.com/YoPalHal。讓我們盡快聯繫吧！

哈爾的介紹──會見大衛．奧斯本

幾年前，我受邀在一場非營利性質的「充實過一生」（1 Life Fully Lived）活動上演講。主題演講者是一位我以前沒聽說過的人，但與會者一致公認這位演講者是這項活動的亮點，這讓我很好奇。

當大衛．奧斯本（David Osborn）上台後，我很快的和會議廳內的其他每個人一樣──被他罕見的真誠、透明、專業知識與奉獻吸引。

他的演講主題是〈財富不等人〉。他為我們講述他如何從一個充滿困惑的青年到白手起家成為百萬富豪的生命故事。他的透明令人感到鼓舞，因為他向我們展示他如何賺到每一塊錢，而且是賺了很多、很多錢──大約是七千萬美元。我指的是他當時的淨資產。

在那之前，我已見過幾位百萬富豪，但他們的財產沒有他那麼多，也不像他那麼坦誠，願意分享他們所知道的一切──而且是免費，並真心誠意協助他人實現他們的財務自由[1]，這更加深了我的好奇。

從大衛的演講，我得知他同時也是由一群選擇過史詩般生活的人組成的團體──「創造豐富人生」（GoBundance）的共同創辦人。為了想和大衛進一步接觸，我接受邀請，在即將於太浩湖畔的 GoBundance 度假村舉行的大會上演講。但當時我還不知道，這趟「創造豐富人生」之旅會成為大衛和我，以及我們兩人的家庭珍貴友誼的開端。

太浩湖之行結束後，我們舉家搬遷到德州奧斯汀，距離大衛和他的家人僅十五分鐘車程。此後我們的妻子成為摯友，我們的女兒成為好姐妹，我們的孩子讀同一所學校——艾克頓學院。上週，他們甚至在我們居住的那條街上買下一棟房屋，所以我們很快又即將成為鄰居了，照這個速度看來，我們住在一起應該是指日可待。

二〇一六年十月，我被診斷出罹患一種存活率只有百分之三十的罕見癌症。大衛和他的妻子崔西從旁大力協助我和我的家人。前後一年多，他們每週送餐給我們，他們開車送我去醫院，他們甚至用他們的私人飛機送我們去我們必須去的地方。大衛的父親死於癌症，因此他本著同理心，根據他一路走來的心路歷程指導我，我對大衛及其家人的感激之情，可以用「我永遠感激不盡」這句話來總結。

我希望這段簡短的介紹能讓你更了解你將向誰學習，我請大衛和我共同編寫這本書，將他的智慧傳遞給你，因為他體現了財富的真正意義。財富不只是銀行帳戶的存款數字或淨資產，真正的財富是和你最重視的事保持一致，和你的價值觀保持一致，財務自由只是其中之一。在這方面，沒有人比大衛・奧斯本做得更圓滿。

1. 財務自由是指家庭的收入主要來源於主動投資，而不是被動工作，是一種讓你無須為生活開銷而努力為錢工作的狀態。

大衛的介紹——百萬富翁的早晨

今天早晨我在五點十七分醒來。

相信我；我不是在吹牛。我這一生大部分時候都自認是個夜貓子。我仍記得中學時候每到週末，我總是睡到早上十點或十一點，大學時候，我會因為睡過頭而缺課，臨近考試前才熬夜讀書。

開始創業時，我仍維持這種習性——當全世界都在沉睡時我工作到深夜，然後睡到很晚才起床。有何不可？對我來說，夜晚是生產力最旺盛的時候，因此我熬夜，但早晨呢？我晚起。

當然，我很快就學到幾件事。

第一件事是：世界不會總是讓我睡到那麼晚起床，世上絕大部分地區都在白天運作，所以夜貓子的我，我的深夜很快就來臨了。無論我自認晚上工作多麼有效率，白天做事時像殭屍一樣跌跌撞撞絕對不是創造財富的捷徑。

第二件事，大概也是最重要的，我開始發現早晨與財富之間有密切關係，不但這個世界不會睡到晚起，連世上的百萬富翁也幾乎從不睡到晚起。

✓早晨與百萬富翁的關係

我花在事業上的時間越多，越能體會到早晨與金錢之間有密切的關係。我越是持續利用我一天當中的第一段時間，我的淨資產就增加越多——以一種非常特殊的方式，我將在後面分享。

不是只有我這麼做。如果你去看許多百萬富翁的習慣——我們會在本書中提到，你會發現許多有錢人都很早起床。這有個很好的理由：早晨與金錢有許多共同點。

談到金錢，世界上最普及的個人理財建議是「先支付你自己」——把賺進來的錢取出一部分，在你做其他任何事之前，先將這筆錢放在一邊用來投資。假設世上最強大的金融工具是複利，如果你沒有可用來投資的金錢，你永遠無法獲得這個利益。你必須先撥出這筆錢，否則，它會被其他事物消耗殆盡。

時間也一樣，你要把自己培養成世上最強大的工具。如同對金錢一樣，你也會對自己許諾將在當天稍晚找出時間去做你永遠不會做的事——如同金錢總是會找到一個新的去處一樣，你的時間也是如此。等到你的薪水只剩下最後幾塊錢時，你想存錢已經太遲了；同樣地，到了中午，你已沒有多餘的時間去做最重要的事了。

「創造早晨奇蹟」就等於先以智慧、生產效力和清新的頭腦，來支付你自己。你利用早晨的時間，就如同你刮下一天當中最上面那層奶油留給自己享用一樣，你可以利用它來投資並獲得巨大的回報。

在世上所有的投資當中，從房地產、年金，到股票市場與創業，最好的投資項目永遠是你，而且投資的工具總是在每一天日出的時候出現，毫無例外。

展開你的早晨之旅

本書要講述三件事。

首先是讓你認識，並指導你那些「成為富人」的基本修習方法。如果你能學會這些方法，你就能跟隨他們的腳步，事情就是這麼簡單。（不容易做到，但很簡單。）

其次，你要了解你每天要做的第一件事，是學習這些方法的價值，這些價值極為重要。當然，你也可以晚一點再做，但我想你應該心裡有數，它的結果如何。你將會發現，早晨有它的特質，它非常重要——在許多方面你可能還無法想像。你不會因為只是早起就成為有錢人，但早晨能在破產與成為百萬富翁之間造成巨大差異絕非誇張。

最後，本書要介紹學習成為所謂「早起的人」這種稀有生物的一些腳踏實地的實用技巧，我可以一遍又一遍告訴你早晨有多麼重要，但如果你不能早點起床利用它們，講再多也沒用。好消息是，成為早起的人是一個你可以學會的技巧，你真的可以成為一個早起的人。你可以滿心歡喜、活力充沛地醒來，你可以成為早起的鳥，我的工作就是告訴你如何去做。

這三件事可以深刻改變你體驗這個世界的方式——而且不只是在財富方面。當你掌握了你的早晨，你就掌握了你的一天，你可以根據你的條件與世界互動。你可以主動採取行動，而不是被動地作出反應。

想像你規劃一天的行事曆，對你來說這些重要的事是明確的，你對即將採取的行動感到興奮。這是「創造早晨奇蹟」提供給你的——不單單金融財富的可能性，還有大量的平靜與沉著，以及生命的自主感。

我們這段旅程的起點，是立即學習利用你的早晨。事實上，就從明天開始，從早晨開始意味著你可以立即利用這一天的重要時段，同時在你繼續閱讀本書之際，了解那些百萬富翁是如何創造財富。

在我們開始時，請記住：早晨充滿了魔法，它是你培養致富心態，將你的夢想、你的熱情和你的才華轉變成百萬富翁的地方，早晨是這一切的開始。

如果這讓你感到緊張，請不要害怕，即使你過去無法早起，請記住這句話：你的早晨問題不在於早晨本身，而是在於你一天當中的其他時間。如果你不滿意你的生活，你就沒有理由精神奕奕地跳下床，你可能會說你根本沒有理由起床。我想，很多人都有這種感覺，這也是許多人早晨起不了床的原因。

這是為什麼我們即將一起踏上的旅程，要從阻斷這種惡性循環開始，我們會先討論為何早晨如此重要，然後我們會教你如何醒來，並利用早晨做為你每一天的創造財富之旅的一部分。

許多人往往認為：「我要先改變我的生活，然後我才會想要早起。」或者，「等我有錢時，我會改變我的習慣。」我可以信心十足地告訴你，它的因果關係正是相反：你不能靠改變生活來成為早起的人；你要利用每一個早晨來改變你的生活。

如果你願意選擇讓你的人生更豐富——更有效力的早晨和更多的財富，但不知道該如何去做，這本書正適合你。只要你願意選擇更多，這本書就能幫助你得到更多。

歡迎來到《有錢人的煉金方「晨」式》，讓我們開始吧。

第一部

創造早晨奇蹟

為什麼早晨很重要，
你如何找回它們

第一章 為什麼早晨很重要（超乎你的想像）

「如果你想帶著滿足感上床睡覺，你就必須在每天早晨以堅定的決心起床。」

——喬治．洛里默（George Lorimer）／美國記者與作家

早年生活大部分時候都睡到很晚才起床的我，現在如果早晨七點鐘我仍躺在床上睡覺，那簡直是個奇蹟。即使很晚才就寢，我通常也會早早起床，我現在已經養成這個習慣了。

最早「翻轉」我的時間表的是：當我的責任日益加重時，我發現晚睡晚起的策略根本行不通，它產生不了作用。我不可能熬夜加班，第二天早上又早早起床和我的家人、我經營的事業，以及一個越來越希望我不再是吸血鬼的世界互動。

這個認識是促使我改變的催化劑——我純粹是出於需要才不情不願地成為早起的人，但我很快發現，早晨的好處遠比早早起床應付一天忙碌的生活多更多。我開始意識到，早晨就像一個我多年來始終沒有發現的隱藏的秘密，它們不僅能讓我做更多

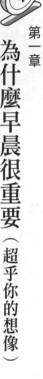

事，它們還能讓我做一些以前我根本無法完成的事。

現在時隔多年，並且讓我賺進許多錢之後，我的「創造早晨奇蹟」作息已經不是我不得不做的事；它已成為我想做的事，我不知道如果沒有它，我將如何度過這一生。

對的一步與錯的一步

早晨的一部分魔法是它們能為你的這一天定調，每天從一個有目的、有紀律、充滿成長的早晨開始，你將發現你的一天也會這樣過，你會覺得你有目的，並且保持在正軌上，你會以目標為導向，而且比較不容易分心。當你正確地度過你的早晨時，保證你會愛上你的這一天。

對比一下你現在的早晨，大多數人分屬於兩種早晨陣營，第一種是不堪負荷的：打從你（不情願地）醒來那一刻開始，你就匆匆忙忙趕時間，即將遲到了。你的心是忙亂的，甚至你還沒有穿上褲子，你已經上班遲到了，你永遠有許多要做的事，但沒有時間去做。

另一種早晨陣營是消沉的：缺乏目標與動力。你睡懶覺、拖拖拉拉，等到最後一刻才終於開始工作。但即便如此，你也很容易為一點光鮮亮麗的東西而分心，而且你永遠不覺得自己在做任何有成效的事，你的心飄忽不定，漫無目的。

對於那些不堪負荷的人，這一天的感覺就像一次漫長的消防演習，混亂、嘈雜，老是有一種倉促的感覺。而對於那些消沉的人，這一天就像一起世上最慢的車禍，你完全不知道要踩哪個踏板，或如何轉動方向盤來阻止即將到來的厄運。

這兩種陣營的人永遠有潛在的財務問題。他們總是有錢不夠用、錢從哪裡來的壓力；對掌控財務未來感到無助，財務壓力像一層額外的壓力，籠罩著你一天當中的所有一切。

無論屬於哪一種陣營，當你未能善加利用早晨的好處時，等你晏起時，世界已經來到你面前；如果你拖拖拉拉地展開你的一天，等你清醒時，你的一天已經毀了；如果你沒有任何目標或方向地醒來，幾乎可以保證你的一天一事無成，無論你的早晨是以上述哪一種方式開始，都足以使任何人只想賴在床上。

但，如果有第三種選擇呢？

如果你的早晨不一樣呢？如果它給你不同的感覺呢？如果你可以精神飽滿、充滿熱情，而不是充滿憂懼地醒來呢？如果你可以有一小時的祥和與平靜，致力於改善自己，改善你的財務和人生，而不是匆忙混亂的早晨呢？

有了「創造早晨奇蹟」，你想像中的那個清澈、不忙亂的心理空間就可以任你擷取。在這個空間裡，你可以重新找回你的從容與尊嚴，你可以完全自己掌控，開始創造你夢寐以求的人生。

為何早晨如此重要

我的經驗是，你越深入探索早起和早晨作息的力量，就越能創造目標明確的財富。但你不要只是聽信我的話——因為越來越多證據顯示，早起的鳥比蟲子得到的多更多，以下是幾個你在「創造早晨奇蹟」會體驗到的重大利益：

- **你會更積極主動、更有成效**：克里斯多福・蘭德勒（Christoph Randler）是德國海德堡師範大學（Heidelberg University of Education）的生物學教授，他在二〇一〇年七月發行的《哈佛商業評論》期刊上撰文指出，「在早晨表現最好的人更容易在事業上獲得成功，因為他們比在晚上表現最好的人更主動積極。」《紐約時報》暢銷作家及世界知名的創業家羅賓・夏瑪（Robin Sharma）也說，「如果你研究世界上許多最有成果的人，你會發現他們有一個共同點——他們都早起。」
- **你會預見到問題，然後將它們一一解決**：蘭德勒又指出，早起的人手上握有重要的牌，他們「比較能預見到問題，並且將問題減到最低。他們更主動積極，在專業上能獲得更大的成就，薪資也更高。」他指出，早起的人能預見到問題，並且從容、輕鬆地解決它們。這意味著早晨是降低壓力的關鍵——來自兒女、工作、人際關係與金錢等各種意想不到的突發狀況，難免會為我們帶來許多壓力。

- **你會像專業人士那樣策劃一切**：俗話說，沒有計畫就是計畫失敗。這句話用在財富上更真切，早起的人不但有時間籌劃、預測和準備他們的一天，他們還有時間研擬財務計畫。而我們那些睡懶覺的對手只能隨著突發狀況作出反應，錯失許多好機會，當你沒有聽到鬧鐘響而睡過頭時，你不會感受到更大的壓力嗎？跟著太陽一起起床（或在日出之前）有助於啟動你的一天。當別人都在忙著試圖（但是失敗）掌控他們的一天時，你會有更好的機會保持冷靜、從容，專注在你的計畫上。
- **你會更有活力**：你的「創造早晨奇蹟」的一部分是晨間運動，這是常被……呃，幾乎每一個人忽略的一件事，只要幾分鐘的運動就能為這一天設定積極的基調。增加大腦的血液將有助於你更清晰地思考，並專注在更重要的事務上。新鮮的氧氣會滲透到你全身的細胞，增加你的活力。這是為什麼運動的人心情、體態、睡眠會更好，做事也更有成效的原因。

- **你會有早起的鳥的心態上的優勢**：最近，西班牙巴塞隆納大學的研究人員將早起的人（喜歡在黎明時起床的早起的鳥）與熬夜的人（喜歡晚睡晚起的夜貓子）作了一番比對。他們發現，早起的人往往傾向堅持不懈，更能抗拒疲勞、挫折與困難。這可以詮釋為他們更能降低焦慮、抑鬱和成癮，並且對生活有更高的滿意度。

證據有了，專家也指出：早晨對幾乎所有一切都很重要，我可以從創造財富的角度告訴你，這些好處中的每一個，都是成為百萬富翁的巨大優勢。請看下列特質：

- 生產力
- 主動積極解決問題
- 收入提高
- 每日規劃
- 提升活力
- 更積極的情緒與適應力

想成為富人還有比這些更好的特質嗎？我想沒有。而且從研究結果看來，它們每一項都和早晨息息相關。

因此，在這一點上，早晨具有某種神奇特質，已無庸置疑，你很想問的問題應該是：如果早晨這麼好，為什麼我們不能早起？

這不僅是一個有洞察力的問題，而且是我們真正進入〈第二章〉，闡述早起的五個步驟之前必須先回答的問題。

不能早起的真正原因

如果你曾經為早起而掙扎，從經驗中你會知道，睡前的意志力與熱忱會在第二天早上鬧鐘響時，在你不知不覺中離你而去。

不是只有你才這樣，早起只是人們在新年所下的諸多新決心之一，但它們往往很快就失敗了。想要轉變成功，你必須了解一些你可能沒有考慮過的有關早起的真相，它們是你從明天開始力行早起的五個步驟的基礎。

1. 你的睡眠行為是慣性的

有些人很自然地被夜晚吸引，有些人很自然地被早晨吸引，是這樣嗎？我想是，研究報告也支持這一點。但這種傾向也只是大多數人的一種傾向，不是基因的影響，另一個簡單的影響因素是你的睡眠習慣。多年來你幾乎都在晚上和早上做同樣地事，任何事你只要長期持續做就會成為習慣。

習慣是個強大的力量，當鬧鐘在你床頭桌上尖叫時你奮力地睜開眼睛，重要的是要記住，你對抗的是你的大腦的神經模式，它在沒有真正思考的情況下使你做出同樣地事。

好消息是，你能改變你的習慣，早起是一種技巧——你可以學會，就像你可以學會騎腳踏車或管理企業一樣，你將會在後面的章節中學到。

2. 你如何醒來和你這一天的心情有關

你是否有過這樣的經驗：躲在被窩裡「再睡一下下」，因為你知道你這一天不得不做一件辛苦、無聊或影響心情的事？

為興奮、期待的一天而醒來是另一種不同的體驗，你不會畏懼醒來，即使是早起的鳥，也會因為即將面對痛苦的一天而想躲在被窩裡。

「創造早晨奇蹟」從兩方面來解決這個問題。首先，每天早晨給自己一些期待：支配個人的時間來改善你的財務、健康、心情和生活。

其次，你以這種方式利用你的早晨，久而久之，你就會開始期待這一天！當你的「創造早晨奇蹟」開始產生功效後，你就會改變你的生活方式，躲在被窩不想起床的次數就會越來越少。

3. 你擔心你會太自私

意外的是，早起的障礙之一不只是奮力離開你的床鋪，它還有一種隱約的自責形式，告訴我們：每天把時間用在自己身上是自私的。

我們許多人都被教導：成功意味著把自己的需求放在最後面。我們被告知，你應該照顧你的家人、你的工作、你的社區，然後才照顧你自己——如果還有時間的話，問題是我們推遲往往就會把自己的需求隔絕，我們有那麼多工作要做，以致我們永遠無法滿足自己的需要，久而久之，我們最後疲憊了，沮喪、怨恨、不堪負荷。

聽起來很熟悉？

我堅信每次飛機起飛時空服員給的建議：先戴上你的氧氣罩，然後才去幫助別人。如果你因缺氧而昏倒，你將無法幫助任何人。

你的個人養成，以及從你的這些成長而獲得財富也是一樣，完全忽略自己是把財富「拱手讓出」的秘訣。記住：

- 如果你過的是自我毀滅的生活，你無法幫助別人。
- 如果你的健康急速下降，你不可能有生產力。
- 如果你不花時間去學習、去培養你需要的技能，去建立實現財務目標所需的心態，你不可能累積財富。

利用早晨等於你每天先戴上自己的氧氣罩，早晨是這一天的關鍵，早晨是你管控與籌劃你真正想要的人生方向的地方。

你是這架班機的駕駛。除了你，其他人都無法取得操控權，如果你在沉睡中，你也不能。

這三件事是開始創造你的早晨奇蹟時，你要努力斬除的惡魔，這十分重要。好消息是，和其他數百萬人一樣，你可以做到。

✓早起？真的嗎？

現在，你的腦子裡也許有個聲音說：好……吧。

但你的內心仍對早起存疑。我懂，我也曾經這樣，對這件事的第一個反應往往是它聽起來理論上很好，「但是，」你心想，「不可能，我已經在二十四小時中塞進二十七小時的工作量了，我怎麼可能再提早一小時起床？」

請問：「你怎能不這樣做？」早晨能改變你的人生，它們可以是你一天當中最糟糕的部分，也可以是一個真正的奇蹟。

如果你懷疑，那麼你必須了解的關鍵點是：「創造早晨奇蹟」不是要你減少一小時睡眠，使你的一天變得更漫長、更辛苦，它甚至和早一點醒來無關，它主要是讓你更有效地醒來。

這個行星上已有數十萬人在過他們的「創造早晨奇蹟」的生活，其中有許多人過去一度是夜貓子，但他們後來成功了，並且朝氣蓬勃。這並不是因為他們一天多出一小時，而是他們多出善巧利用的一小時，你也可以做得到。（如果你認為你沒有時間，請你閱讀〈第三章〉，我會告訴你一種六分鐘「創造早晨奇蹟」的模式，誰沒有六分鐘？）

如果你依舊懷疑，我可以告訴你：提早一小時——或任何時數起床，最難的部分是前五分鐘。這是你躺在溫暖的床上，決定展開你的一天生活，或者又一次按下鬧鐘的貪睡鈕的關鍵時刻。這是關鍵時刻，你在那一刻所作的決定將改變你的一天、你的成就，以及你的一生。

這是為什麼前五分鐘是本書《有錢人的煉金方「晨」式》的出發點。我們贏得早晨，我們就贏得這一天，現在是你贏得每一個早晨的時候了！

聽聽一個過去曾經是夜貓子的人的金玉良言：從「我不是個早起的人」到「早安，陽光！」中間會有一段過程，但經過一些試驗和錯誤之後，你會發現如何去智取你內在的熬夜者，使提早起床成為一種習慣。

早晨不但重要，它甚至比你現在所能想像的更重要。它們真的有力量改變你的人生。

在下面的兩個章節中，我將使你比過去更容易、更樂意提早起床——即使你從來不認為你是個早起的人，我將告訴你如何利用六個史上證明最強大的方法，將這些新發現的早晨時光發揮到極致。

百萬富翁的早晨

在我五十多年的企業生涯中，我了解到如果我提早起床，我就能在一天當中完成更多事情，從而在一生當中獲得更多的成就……

無論我走到全世界哪個地方，我都試著維持早晨五點左右起床的習慣。早點起床我就可以做一些運動，並與家人共度時光，這讓我在開始工作之前有個良好的心態……

成為早起的人並不是要吹噓你多麼努力工作，它是要讓你盡你的能力，去幫助你的事業獲得成功；如果這意味著你必須提早一小時起床（大多數人都不知道），那麼你最好還是起來享受陽光。

——理查・布蘭森（Richard Branson）

第二章
只要五分鐘，你就能成為早起的人

如果你認真想想，早晨按下鬧鐘的貪睡鈕毫無道理。這好像在說：「我討厭在早上起床，所以我一而再、再而三的關掉鬧鐘。」

——狄米崔．馬丁（Demetri Martin）／喜劇演員

如果工作完成了，那麼你現在應該會對明天早晨感到樂觀，甚至感到興奮。你也許會想像你早上醒來後的第一件事是立刻跳下床，而你的鬧鐘的貪睡鈕會因為很少使用而積了一層灰。

但是，明天早上鬧鐘響時你會怎樣？當你在沉睡中被尖叫的鬧鐘吵醒時，你會有多少起床的動力？你在冰冷的屋子裡會很興奮地離開溫暖的被窩嗎？

我們都知道那時候你的正確動力在哪裡：起來上廁所。但它會被天亮後就一直存在的狡猾伴侶「合理化」取代。

合理化是個狡猾的大師。前一天晚上作好的決定——早點起床把握這一天。天

亮後很可能迅速打消念頭。幾秒鐘之內你就能說服自己你需要再多睡幾分鐘，然後接下來的事情你就知道了，你又一次在屋子裡衝過來衝過去，上班遲到，耽誤一生。

這是個棘手的問題，當我們最需要動力的時候——一天當中的最初幾分鐘，似乎正是我們動力最薄弱的時候。

但是，如果明天早晨你可以善用這一刻的動力和熱情呢？這是本書這一章的目標——提高你的起床動機，對你的合理化發動突擊。

下面要闡述的五個步驟，每一個都旨在增加哈爾所稱的「起床動機級數」（Wake-Up-Motivation-Level，簡稱 WUML）。你的「起床動機級數」越高，你越可能迴避按下貪睡鈕後繼續睡，然後慌慌張張地起床。你要做的是利用任何必要的手段使你的「起床動機級數」高過按下貪睡鈕的門檻。

幸運的是，這些必要的手段一點也不難，或者說，沒有你想像的那麼困難。

✔五個防止貪睡的起床策略

你也許覺得你的起床動機級數很低，意思是大多數早晨鬧鐘響時，你只想再多睡一會兒，這很正常。但只要利用本章敘述的五個簡單步驟，五分鐘就可以讓你提升你的起床動機，跳起來準備迎接每一天。

五個步驟，五分鐘，很簡單。

第一分鐘：睡前先設定你的意圖

起床的第一個關鍵是要牢牢記住：早晨的第一個念頭通常和你入睡前的最後一個念頭相同。譬如，我打賭你一定有過這種經驗：因為太期待第二天早晨醒來，以致晚上難以入眠，無論是小時候在耶誕節前夕，或你期待已久的假期，鬧鐘一響，你會立刻睜開眼睛，準備跳下床擁抱這一天。為什麼？因為你睡前的最後一個念頭，對第二天早晨起床這件事──是積極、期待、興奮的。

反之，如果你睡前的最後一念是這樣：我不敢相信我必須在六個小時內起床，明天早上我一定會很累。那麼鬧鐘響時你的第一個念頭很可能是：喔，我的天，已經六個小時了嗎？不不不不……我要繼續睡！

換句話說，你早晨醒來有一部分是在自我實現預言，使你的早晨成為事實的不是你的鬧鐘，而是你。

因此，第一步是有意識地決定，每天晚上睡覺前，積極、專注地為第二天早晨起床建立正向的期待，想像它，並肯定它。

如果你需要協助，想在睡前用明確的語句建立強而有力的起床意圖，請連結網站

www.TMMBook.com，免費下載哈爾的「睡前肯定」（Bedtime Affirmations）。

第二分鐘：離開床鋪，關掉鬧鐘

如果你還沒有這麼做，請務必將你的鬧鐘放遠一點，離開你的床鋪越遠越好。這樣你要做的第一件事就是不得不離開床鋪，移動你的身體去關鬧鐘，身體一活動就會有精神，下床走幾步路，你自然就會醒過來。

大部分人都把鬧鐘放在他們的床邊，一伸手就可以摸到，如果你想再倒頭呼呼大睡，這是個好辦法。但是當你醒來的那一刻是你的起床動機最低的時候時，它會使你更難遵守紀律立刻起床，近在咫尺的鬧鐘能助長你的貪睡。事實上，你很可能會在不知不覺中將鬧鐘關掉！我們都有過這種經驗，以為鬧鐘響是我們在作夢（相信我，不是只有你這樣）。

強迫自己離開床鋪去關鬧鐘，你的起床動機會立刻提高，為成功早起做準備。

然而，如果以「起床動機級數」滿分十分來計算，你的起床動機在五分附近徘徊，你可能還是會想繼續睡，轉身爬回床上的誘惑依然存在，這時候你就必須馬上做下一個動作來提高你的起床動機。

第三分鐘：刷牙

當你離開床鋪關掉鬧鐘後，立刻直接進入浴室刷牙，我知道你會想：「當真？你說我必須去刷牙？」是的。這一步的重點是：你在起床後的前幾分鐘做一些不需要花腦筋的動作，讓你的身體有一點時間清醒過來。

關掉鬧鐘後，直接走進浴室刷牙，潑一點溫水（冷水更好）在你的臉上。這個簡單的動作可以進一步提高你的起床動機。

現在你的口腔內有清新的薄荷味了，下一步：

第四分鐘：喝一杯水

每天早晨第一件事為你自己補充水分十分重要，連續六至八小時滴水未進之後，你會有點脫水，造成疲倦。當人們感到疲倦時——一天當中的任何時刻——他們需要的通常是增加水分，而不是增加睡眠。

你可以先去拿一杯水或一瓶水（或者，你也可以像我那樣，睡前先把水準備好，放在床邊，這樣你早晨起床就立刻有水喝了），舒舒服服地喝下去，目的是補充你在一整夜的睡眠期間流失的水分。

這杯水應該可以使你的起床動機又提高一些，讓你進入下一步。

第五分鐘：換上你的運動服（或去淋浴）

第五個步驟有兩個選項，第一個選項是換上你的運動服，準備離開你的臥室，立刻進行你的「創造早晨奇蹟」，你也可以在前一天晚上先把運動服準備好再上床睡覺，甚至穿著你的運動服睡覺。（是的，真的可以。）

第二個選項是立刻去淋浴，這樣更容易讓你的起床動機提高到清醒程度，我通常選擇換上運動服，因為我在運動或遛狗之後需要淋浴，但許多人比較喜歡早晨起來先淋浴，因為這樣可以幫助他們清醒，清新地展開一天的生活，如何選擇完全在你。如果第一個選項行不通，你就選擇淋浴，淋浴之後你就很難再倒回床上睡覺了。

無論選哪一個選項，等你執行這五個簡單的步驟之後，你的「起床動機級數」應該可以提高到只需要一點紀律就能清醒地進行你的「創造早晨奇蹟」。

對比鬧鐘響時，你的起床動機幾乎是零的情況下，要起床困難得多，這五個步驟可以讓你建立動力，只要短短幾分鐘，你已逃離合理化的引力場準備開始行動，而不是感到昏沉。

我決不會在過了這五分鐘之後又回到床上睡覺，一旦起床，有意識地活動度過早晨，我就更容易繼續有目的地度過這一天。

「創造早晨奇蹟」另外幾個有效的清醒秘訣

這五個步驟雖然對成千上萬人有效，但它們並非可以使你更容易早起的唯一方法，以下是我從實踐「創造早晨奇蹟」的人那裡聽來的幾個秘訣：

- **利用「創造早晨奇蹟」睡前肯定**：如果你還沒有這麼做，你可以到 www.TMMbook.com 網站，下載並列印哈爾的「睡前肯定」，把它放在你的床邊，幫助你在每天晚上睡前設定你的意圖，它們旨在建立你的潛意識心態，讓你更容易擊敗貪睡鈕，精神奕奕地起床。
- **為你的臥室照明設備安裝定時器**：我們有個「創造早晨奇蹟」會員分享，他在他的臥室照明設備上安裝一個定時器（你可以上網訂購，或在你家附近的五金行買到定時器）。當他的鬧鐘響時，房間的燈光也會同時點亮，這是多麼好的點子！昏暗的光線很容易使你倒頭再睡——燈光亮了就是告訴你的心理和身體起床的時間到了。（無論有沒有用定時器，你都一定要在關掉你的鬧鐘時把燈打開。）
- **為你的臥房暖氣設備安裝定時器**：另一個「創造早晨奇蹟」會員說，到了冬天，她會在她的臥房暖氣設備上多加一個定時器，在她預定起床的前十五分鐘啟動暖氣，她會在晚上睡覺時把溫度調低一點，但起床時讓房間溫暖一點，這樣她就不會想再爬回溫暖的被窩。

你可以自由增加或客製化你自己的五分鐘防貪睡起床策略，如果你有其他秘訣想公開分享，我們很樂意聽到。請將它們轉貼在 www.MyTMMCommunity.com 網站上的「創造早晨奇蹟」社群。

立刻行動

決定的時候到了。

做為一個「創造早晨奇蹟」的讀者，這是你的重要轉捩點，現在是你決定是否承諾去發現早晨的力量的時候了。

現在你有一個選擇。明天早上，你可以早起，受到啟發，開始重建你的生活，縮小你目前的生活和你想要的經濟富足的生活之間的差距。

或者，你可以我行我素，但仍希望獲得最好的生活。

如果你準備好了，現在就可以開始行動。記住，想要每天輕鬆地醒來，你要有一個有效的、預先決定的、逐步的策略來增加你的早晨起床動機。不要等待、蹉跎！你現在就可以執行以下三個步驟，不必等到早晨或就寢時間：

1. 立刻將你的鬧鐘設定在比你通常起床的時間提早三十分鐘至六十分鐘的時間，並承諾未來三十天繼續保持。就是這樣——從現在開始，只要提早三十分鐘至六十分鐘，持續三十天。而且一定要在你的時間表寫下明天早晨開始第一次執行你的「創造早晨奇蹟」。是的，不要以「等你看完這本書」為藉口來拖延展開行動！

2. 前往 www.MyTMMCommunity.com 網站，加入「創造早晨奇蹟」社群。你可以在這裡和二十多萬名同樣早起的人聯繫、交流並獲得支持。他們有許多人實踐「創造早晨奇蹟」已有多年經驗，成果豐碩。

3. 找一個可靠的「創造早晨奇蹟」責任夥伴，找一個人——你的配偶、朋友、家人、同事，或你在「創造早晨奇蹟」社群上認識的同好——上網註冊，陪你一起參與這趟冒險，以便你們可以互相鼓勵、支持、責成對方繼續練習，直到你們的「創造早晨奇蹟」成為終生的習慣。

如果你覺得有阻力，那也許是因為你過去曾經嘗試改變但沒有貫徹到底。我這裡有個建議：現在就翻到〈第十三章：三十天創造早晨奇蹟的挑戰〉這一章將告訴你，應該用何種心態與策略克服你在開始時可能遇到的阻力，它將是你培養新習慣，並堅持不懈的最有效方法。它是在本書結束時，你將踏上的第一段旅程，但你現在可以偷看一眼，想像它是在結束時開始的。

你的第一堂投資課

前面的章節應該會讓你認真的暫時停下來思考早晨的價值。所有證據，以及成千上萬「創造早晨奇蹟」的實踐者所說的話——都指向一個強而有力的觀念：如果早晨不是如何展開你的這一天，而是如何創造你這一天的成果呢？

你如何展開你的一天，可能是決定你如何生活的最重要因素，當你高高興興地起床，營造一個有目的、有力量、高效能的早晨時，你已設定自己去贏得這一天。

然而，大多數人卻只是拖延、按下鬧鐘，等到最後一刻不得已才離開他們溫暖的被窩。這種看似無心的動作雖然不明顯，但實際上是對我們的潛意識發出有害的訊息。它以潛藏的信念設定我們的心態，告訴我們不需要規範自己早點起床，更別提去努力實現我們一生中想要的一切，包括財務富足。

當早晨的鬧鐘開始響起時，你要把它視為每一天生活的第一個投資機會，這是另一天送給你的禮物，你決定自我規範、按時起床的挑戰，以及你投入時間培養個人成長的機會，這樣我們才能成為創造我們夢寐以求的人生所需的那個人，而且要在世上其他人仍在沉睡的時候去做這一切。

這是你在創造財富道路上的第一堂投資課：每天早晨嚴守短暫的紀律——決定起床，而不是繼續躺在床上睡覺的最初幾分鐘，這是一個可以為你的餘生帶來額外利益的紀律。

每當有人問我如何把自己改變成一個早起的人，並在這個過程中轉化我的人生時，我告訴他們，我的方法是五個簡單的步驟，一次一個。五個簡單的防貪睡關鍵步驟就能使你比以前更容易早起，甚至在清晨起床。如果沒有這個策略，每天早晨鬧鐘響時我仍舊會一直睡下去（或者按下貪睡鈕再瞇一下）。更糟的是，我仍然會堅持我的局限性信念，堅信自己不是個早起的人。

而且我會錯過所有的機會。

我知道這看起來似乎不可能，但且聽一個曾經是貪睡狂的人怎麼說：你可以做到，而且你可以用我的方式做到。

這是有關起床的重要訊息——改變是可能的。和大多數百萬富翁一樣，大部分早起的人都不是天生早起，他們都是自我改造而成的，你也可以做到，而且它不需要奧運馬拉松選手的超級意志力。我認為，當早起不僅成為你所做的一件事，並且成為你是誰時，你會真心愛上早晨，早點起床也會變得像我現在這樣毫不費力了。

不相信？不妨暫時拋開你的不相信，明天試著去執行那五個步驟，它也許會改變你的人生，如同它改變我那樣。從這天起，接下來三十天，你把你的鬧鐘設定提早三十分鐘至六十分鐘，讓你在你想要起床的時刻醒來，不要等到你不得不起床時才醒來，這是你每天開始啟動「創造早晨奇蹟」的時刻，它能讓你能成為使你自己、你的子女、你的家庭過富足生活所需的那個人。

提早一個小時起床做什麼？你將在下一章找到答案，但現在請你繼續讀下去，直到你了解「創造早晨奇蹟」的整個作息。

百萬富翁的早晨

我在百分之九十五的時候每天晚上睡八小時，結果百分之九十五的時候我不需要鬧鐘就會自然醒。對我來說，自然醒來是展開這一天的最佳方式。

我的早晨作息有一大部分和我不做什麼事有關：當我醒來時，我不會以察看我的智慧型手機來展開這一天。相反地，一旦醒來，我會花一分鐘深呼吸，感恩，並設定我這一天要做的事。

我會隨著不同的情況做一些小小的改變；例如，當我住在洛杉磯時，我喜歡在早晨散步與健行，我非常喜歡實驗——我相信不久之後我會學到新東西，並將它納入我的作息中。

而且，我不相信貪睡鈕，當我不得不用鬧鐘時，我總是把它設定在我必須起床的那一刻。

——雅莉安娜．哈芬登（Arianna Huffington）

第三章

挽救人生六法

保證將你從沒有充分發揮潛力的人生挽救回來的六種方法

「每天早上修習S.A.V.E.R.S.，就如同在我展開這一天的生活之前，將火箭燃料注入我的身體、心靈與精神……。」

——羅伯特．清崎（Robert Kiyosaki）／暢銷書《富爸爸，窮爸爸》作者

當哈爾遭遇到他的生命中的第二次谷底時（第一次他遭遇一起重大車禍，失去生命跡象長達六分鐘；第二次在二〇〇八年全球金融海嘯之後面臨事業失敗。），他感到迷惘與沮喪。他運用他所知道的一切方法，但是都無效，任何嘗試都無法改善他的境況，於是他開始尋找能將成功提升到一個新的水平的最快速、最有效的策略，他去尋找最好的個人成長方法，全世界最成功的人都在使用的方法。

哈爾追尋的結果，找出六種最不受時間限制、最能影響個人成長的有效方法。這些方法能為運用它們的人帶來最好的成效。

起初，哈爾試著確認其中哪一種或哪兩種方法能最快速提升他的成功，但他後來問自己一個簡單的問題：如果這幾種方法全部都做會有什麼結果？

於是他開始實驗，在兩個月之內幾乎每天都試做這些方法後，哈爾體驗到你可能會稱之「神奇」的結果：他的收入倍增，從一個原本討厭跑步，即使跑步也不超過一英里的人，到後來接受訓練跑完五十二英里的超級馬拉松。這六個方法不僅使他脫離谷底，甚至證明它們是使他的身、心、靈及情緒都提升到另一個層次的最好的方法。

我自己在事業上也經歷過類似的突破。感謝上蒼，我沒有遭遇車禍，但它也是個巨大的轉變。我發現好好把握我的早晨，與增加我的財富有直接的關係，但造成差異的不是只有早起，而是起床後要做幾件特定的事。早晨和我的百萬富翁身分之間的關係，和做這六件事息息相關——也就是哈爾所稱，在早晨修習的「挽救人生六法」（Life S.A.V.E.R.S.）。

讓我們回顧一下，我們已經說明為什麼早晨很重要，我們也已經給你一些工具，讓你開始過渡到即將成為早起的人。

現在一個明顯的問題是：你在那段時間做什麼事？

本章將告訴你這個問題的答案。

✔挽救人生六法為何有效

「挽救人生六法」是一個簡單但非常有效的每日晨間練習，保證有助於你的個人成長，它們帶給你頭腦清新所需的空間——一種高層次、巨細靡遺的視角，在那裡，你可以根據自己的條件策劃與生活。「挽救人生六法」旨在讓你每天早晨處於身體、心靈、情緒及精神的顛峰狀態——在這種狀態下，你會持續進步、持續感到愉快，並且永遠有最佳的表現。

我知道你在想：我沒有時間，我每天早上都忙得幾乎出不了門，怎麼可能再多做六件事？

相信我；我也曾經這樣，在修習「創造早晨奇蹟」之前，我常在起床之後一陣兵荒馬亂，和你一樣，我幾乎沒有時間換衣服、吃早餐，出門去盡當天的第一個義務。看來，你幾乎無法在已經不得不做的諸多事項中再塞進任何事，更別提你很想做的事。我在開始修習「創造早晨奇蹟」之前也一樣「沒有時間」，但我現在卻比以前擁有更多的時間、更多的繁榮富裕，以及更多的平靜。

這是一個你必須親自去體驗的秘密：你的「創造早晨奇蹟」將為你創造更多時間。「挽救人生六法」就是在幫助你和你的真實本質重新連結，以及為你的目的——不是義務——而起床的工具，這些練習可以幫助你更清楚了解你的優先待辦事項，找到生活中最有成效的工作流程。當你花更多時間處於那種狀態時，你每一天都可以完成更多事情，緊急情況會減少，你也會有更多精力。

換句話說，「挽救人生六法」不會奪走你的時間，最終反而會使你擁有更多時間。

「挽救人生六法」中的每一個字母（S.A.V.E.R.S.）都代表地球上最成功的人的最佳實踐。從A字開頭的電影明星和世界級職業運動員，到企業執行長及創業家，你很難找到一個菁英人士沒有在實踐「挽救人生六法」中的至少一項。

這是「創造早晨奇蹟」有效的原因：你不只是利用其中一個方法，而是六個最佳的方法帶來的改變遊戲規則的益處。它們是人類經過幾千年的意識發展所建立，並綜合成一種簡單扼要、完全可依個人需要安排的晨間作息。

「挽救人生六法」（S.A.V.E.R.S）分別是：

靜心（Silence）
肯定（Affirmation）
觀想（Visualization）
運動（Exercise）
閱讀（Reading）
書寫（Scribing）

以我為例：這六種方法是極強大的創造財富的工具，每天做這六件事能將你新發現的「創造早晨奇蹟」作息的影響力發揮到極致，加速個人的成長。它們可以根據你個人、你的生活型態、你的工作及你的特定目標而制定，而且你可以從明天早晨起床後第一件事就開始做。

現在讓我們來詳細介紹。

✔ 靜心（Silence）

大多數人展開一天的方式都和我以前一樣：靠鬧鐘叫他們起床。對他們——也許還有你——而言，每天的第一個聲音是他們的手機或鬧鐘的狂叫聲。

接著是更多的「噪音」：電子郵件、社群媒體、簡訊及當天的新聞，從伸手可及的螢幕傳出的種種聲音。

當你花時間走回去察看時，它是我們每天從早忙到晚，奮力重新取得控制權的驚喜？還是讓我們感到不知所措的意外？

「挽救人生六法」的第一個方法是靜心，它給你一個機會去學習以平和的心和有目的的平靜去展開每一天的能力。它能立即減輕你的壓力，給你需要的清晰度去關注最重要的事。

靜心當然不是「無」，什麼都不做。相反地，你的「創造早晨奇蹟」的靜心是刻意的，而且你個人的練習有很多選擇，這裡舉出幾種方式，它們沒有特定的順序：

- 靜坐
- 禱告
- 反省
- 深呼吸
- 感恩

世上許多最成功的人每天都修習靜心。毫不意外，歐普拉也在修習靜心——她也在修習「挽救人生六法」中的幾乎所有方法。歌星凱蒂佩芮、雪瑞兒可洛和保羅麥卡尼爵士都在修習超覺靜坐。影視明星珍妮佛安妮斯頓、艾倫狄珍妮、傑瑞賽恩菲德、霍華德斯特恩、卡麥蓉狄亞茲、克林伊斯威特，以及休傑克曼，都提到過他們每天撥出時間靜坐。甚至億萬富翁雷・達里歐（Ray Dalio）和魯柏・梅鐸（Rupert Murdoch）也都把他們的財富成就歸功於每天修習靜心，你在靜坐時會有許多同伴。

女演員兼歌星克莉絲汀貝爾（Kristen Bell）接受《Shape》雜誌訪問時說：「我

每天早上做十分鐘靜坐瑜伽，當你遇到問題時——無論是開車被搶道的怒火、你的男人，還是工作——靜坐可以讓一切都攤開在你面前。」

不要怕擴大你的視野，靜坐有很多種形式，如同安潔莉娜裘莉告訴《Stylist》雜誌：「我陪孩子們坐在地板上畫圖或跳蹦蹦床時，這一個小時就是靜坐，你可以做你喜愛的事，它讓你感到快樂，這就是你的靜坐。」

靜心的好處

壓力是忙碌的生活中最常見的副作用，它也同樣存在創造財富之路上。我們在日常生活中總是有其他人來擾亂你的時間表，免不了有需要你去滅火的時候。同事、員工、家人也都有激怒你的奇特本事，當你匆匆忙忙展開一天的生活時，你會對這些刺激更加敏感。

過度的壓力對健康非常不利，它會促使你作出對抗或逃避的反應，會使身體釋放有毒的荷爾蒙，並在人體內存留好幾天。根據《今日心理學》雜誌網站（PsychologyToday.com）指出，「壓力荷爾蒙可體松（cortisol）是危害公共健康的頭號敵人，科學家早已知道可體松水平升高會干擾學習與記憶，降低免疫功能和骨質密度，促使體重、血壓、膽固醇、心臟疾病……等等增加。慢性壓力與可體松水平升高還會增加罹患抑鬱症、心理疾病的風險，並減短壽命。」

如果你只是偶爾有這種壓力，不要緊，但許多人都幾乎經常承受這種壓力。你一天有多少次發現自己處於壓力情況下？你有多少次發現自己必須處理那些使你遠離你的願景或計畫的緊急情況？如果你的身體整天都在釋放可體松，那麼用一點安靜的時刻來展開你的早晨，將是你的第一道防線。

以靜坐的形式讓你的心平靜下來，能降低你的可體松水平，減少壓力，改善你的健康。由美國國家衛生研究院、美國醫學會、梅約醫學中心（Mayo Clinic）等若干機構，以及哈佛大學和史丹佛大學的科學家共同合作的一項大規模研究結果顯示，靜坐能降低壓力與高血壓。世界知名的心理學家諾曼．羅森塔爾博士（Dr.Norman Rosenthal）與大衛．林奇基金會（David Lynch Foundation）在最近合作的一項研究中，甚至發現靜坐的人死於心臟疾病的可能性降低百分之三十。

另一項來自哈佛的研究發現，只要修習八週的靜坐，就能導致「海馬迴的灰質密度增加，已知這對學習與記憶，以及對自覺、同情心、內省的相關結構十分重要。」

靜坐能幫助你慢下來，關注自己，即使只是短暫的時間。歌星雪瑞兒可洛說：「我開始靜坐是因為我覺得我需要阻止倉促忙亂的生活，所以，靜坐能幫助我減緩我的一天。」她始終維持每天早、晚各靜坐二十分鐘。

靜心能為你開啟一個空間，讓你戴上你的氧氣罩之後再去幫助別人。修習靜心能帶給你更清晰的思惟與平靜的心，有助於你減輕壓力，改善你的認知能力，同時增強你的自信心。

靜坐導引與靜坐應用程式

靜坐和其他任何事情一樣，如果你以前不曾做過，那麼第一次做時你可能會遇到困難或感到尷尬。如果你是靜坐初學者，我建議你從靜坐導引開始。

這裡有幾個我最喜愛的靜坐應用程式（APP），iPhone／iPad 和 Android 裝備上都可以找到：

- Headspace
- Calm
- Omvana
- Simply Being
- Insight Timer
- Oak

這些靜坐冥想的應用程式多少都有一點差異，其中之一是有人說話的聲音。

如果你沒有可以下載應用程式的裝備，可以到YouTube或Google，打關鍵字「靜坐導引」（guided meditation），你就可以以時間長短（例如，「五分鐘靜坐導引」）或主題（例如，「增強信心靜坐導引」）進行搜尋。

創造早晨奇蹟（個人）靜坐

當你準備嘗試靜坐時，這裡有個簡單的逐步靜坐導引，可以在你的「創造早晨奇蹟」中加以利用，即使你以前沒有做過。

在開始之前，重要的是先把自己的心態準備好，期許自己。這是你讓自己的心安靜下來，拋開強迫性的、不斷思考某些事物——例如：重溫過去的事，擔心未來，始終無法專注在當下的時候；這是你暫時放下你的壓力、暫時停止擔憂你的問題，全神貫注在眼前這一刻的時候；這是你徹底觀照真實的你——你現在擁有的、你在做什麼，或你給自己貼什麼標籤——更深入你的內心的時候。

如果你覺得聽起來很陌生，或太「新潮」，不要緊，我以前也曾經這樣。我的建議是你要敞開心胸接受這個意見，或者去嘗試，它很容易做。

- 找一個安靜、舒適的地方坐下，你可以坐在沙發、椅子或地板上，也可以找個坐墊坐下來，這會更舒服一點。
- 挺直上身，盤腿，你可以閉上眼睛，也可以斂目注視前方大約兩英尺的地面。
- 把注意力集中在你的呼吸上，從鼻子緩慢而深細地吸氣，然後從嘴巴吐氣。如果做得正確，你的腹部會鼓脹，而不是胸部鼓脹。
- 現在開始數息：吸氣時緩緩數三秒鐘（一個一千、兩個一千、三個一千），然後憋氣三秒鐘，再緩緩數三秒鐘吐氣。當你專心數息時，你會感覺你的念頭和情緒逐漸平穩下來。
- 你會意識到，當你嘗試靜下你的心時，仍然會有一些雜念冒出來。但你只要發現它，然後放下它，讓你的心繼續回來專注在呼吸上。
- 你要讓自己完全專注在當下這一刻，這通常就是指存在的意思。不想，不做，只是存在。持續專注在你的呼吸上，想像你把積極、愛、平和的能量吸進來，然後吐出你所有的煩惱與壓力。享受這份平靜。享受眼前這一刻。只是單純的呼吸，只是專注在現在。
- 如果你發現腦子裡仍然不斷出現雜亂的念頭，那麼專心想一個字、一個句子或一句真言，在你吸氣、吐氣時一遍又一遍對自己複述，也許會有幫助。例如，你也許可以試試看這個：（吸氣時）「我吸進信心……」，（吐氣時）

「我吐出恐懼……」。你可以把「信心」換成你覺得你有必要在你的生命中增加的東西（愛、信仰、能量等等）；把「恐懼」換成你覺得你有必要放下的東西（壓力、煩惱、怨恨等等）。

靜坐是一個你可以每天送給自己的禮物。對許多修習「創造早晨奇蹟」的人而言，花一點時間靜坐已成為他們最喜愛的作息。它是讓你獲得平靜祥和，體驗感恩，並且從日常生活的壓力源與煩惱解脫的一段時間。

不妨把每天的靜坐視為從你的問題當中短暫休假。雖然每天的靜坐結束時你的問題依然存在，但你會發現你更能專注、更有辦法解決它們。

對許多人來說，這是在進入「挽救人生六法」更積極、更實際的部分時最容易忽略的一個步驟，你要抗拒這種誘惑：無論你採取什麼靜心的方式，一定不要忽略這個步驟。

記住：你的靜心形式是你專屬的，你要自己決定。我自己是在床上靜心，這樣才不會吵到妻子，她通常會跟著我起床。（事先警告：在床上練習靜心是一種進階方式，尤其是如果你在黑暗中平躺在床上很容易睡著的話，假如你有清醒的問題，請詳閱〈第二章〉的最初五個步驟。）我會躺在床上感恩每天早晨，它創造一個空間讓我感恩我所擁有的一切，我真的相信感恩是建立富足人生的基礎，感恩能為你打開許多空間讓你容納更多的成就，並縮小會降低成效的情緒空間。

當我早晨醒來那一刻躺在床上時，我會閉上眼睛，感恩我多麼幸運擁有我的孩子們、我和家人的健康，以及擁有我那些了不起的事業夥伴和人生，他們每一個人，都在我累積財富和創造生命價值的道路上扮演重要的角色，我為此深深感激。

✔肯定（Affirmation）

你有沒有想過，為什麼有些人似乎做什麼事樣樣都行，而且總是達成你無法想像的成就？或者，為什麼有些人似乎完全相反，總是失敗，並錯失任何機會？

一次又一次，事實證明，個人的心態造成他的結果。

心態可以被定義為信念、態度與情緒智商的累積。作家卡蘿・杜維克（Carol Dweck）在她的暢銷書《心態致勝：全新成功心理學》（Mindset: The New Psychology of Success）中指出：「二十年來，我的研究顯示，你對自己的觀點會深刻影響你的人生道路。」

心態也是創造財富的一個關鍵。它明確地展現在你的語言、你的信心和你的神態舉止中，你的心態影響一切。一個有成功心態的人，有朝一日一定會成為百萬富翁。

但我知道，在成為百萬富翁的雲霄飛車上，要維持正確的心態——信心、熱情和動機十分困難。主要是因為我們的心態，大部分都沒有經過有意識的思考，我們已在潛意識中被設定以某種方式思惟、相信、行動與說話。

這種設定受到許多因素的影響，包括別人告訴我們的、我們告訴自己的，以及我們的生活經驗，它們都有好有壞，它表現在我們的生活各方面，包括我們對金錢的感受、思惟與行動。這表示，如果我們想改善我們的財務，我們就必須有更好的心理建設。

肯定就是改善心態的工具，它們能使你更專注你的目標，同時鼓勵你、提供你達成這些目標所需的正面心態。當你反覆告訴自己你想成為什麼人、你想達成什麼目標，以及你以什麼方式達成時，你的潛意識心態會改變你的信念和行為，一旦你以新的方式去相信並採取行動，你會開始將你的設定化為真實。

科學已證明肯定——如果正確無誤的話——是快速成為實現你想要的人生中的一切所需的那個人的最有效工具之一。但肯定也有負面評價，許多人嘗試之後都感到失望。然而，有一種利用肯定的方法絕對有效。

為什麼肯定的老方法無效

幾十年來，許多所謂的專家和大師指導的肯定方式結果都證明無效與失敗。這裡有兩個最常見的問題。

問題1：對自己撒謊是行不通的

「我是個百萬富翁。」——真的嗎？

「我的體脂肪只有百分之七。」——是嗎？

「我已達到今年的所有目標。」——有嗎？

建立這種肯定就像你已成為某個人或已達成某個目標一樣，這也許是大多數人的肯定無法產生預期效果的原因。

當你每次複述這種不是源於事實的肯定時，你的潛意識會抗拒它，對於一個不會妄想的聰明人，反覆對自己撒謊永遠不是最好的策略，事實將永遠佔上風。

問題2：被動的語言不會產生結果

許多肯定旨在針對你想要的東西作出空洞的承諾而讓你感覺良好。例如，有一句流行的有關金錢的肯定，長期以來一直被世界知名的大師傳頌：

我是一塊吸取財富的磁鐵，錢會毫不費力地源源流向我。

這種肯定也許可以暫時虛假地減輕你的財務憂慮，讓你感覺良好，但它無法為你帶來任何收入，坐等金錢神奇出現的人不會成為百萬富翁。

為了達到你想要的富足（或你想要的任何結果），你必須採取行動，你的行動必須和你想要的結果一致，你的肯定也必須清晰表達與承諾你的願望和行動。

建立有效的「創造早晨奇蹟」肯定的四個步驟

這裡有幾個簡單的步驟，能協助你建立以結果為導向的「創造早晨奇蹟」。它們會設定你的意識和潛意識心態，重新指導你的意識心態提升你的行為，這樣就可以產生不同的結果，使你的個人與專業成就超越過去的水準。

第一步：確認你要承諾的理想結果與原因

請注意：我不是從你想要什麼東西開始。每個人都想要東西，但我們得到的不是我們想要的，我們得到的是我們承諾要去得到的東西。你想成為百萬富翁？誰不想加入這個非專屬的俱樂部？但，如果你百分之百承諾要成為一個百萬富翁，並確認與執行必要的行動直到結果實現呢？我們現在談的是這個。

行動：首先寫下一個具體的、非凡的結果，一個個人挑戰，能大幅度改善你的人生，你準備承諾創造的結果——即使你還不確定如何去做。然後寫出為什麼你非這樣做不可的原因來強化你的承諾。

範例：我百分之百承諾盡量保持健康，讓我有精力全神貫注在我的事業和我周遭的一切。

或……

我承諾在未來十二個月內讓我的收入從 $_____ 倍增為 $_____，使我的家人有經濟保障。

第二步：列出你承諾採取的必要行動，以及何時採取行動

寫出一個只是你想要的肯定，而不是你承諾去實現的肯定，這是毫無意義的舉動，它也可能適得其反，使你在潛意識中以為不需要努力就會自動產生結果。

行動：釐清你要達成的理想結果所需的（特定）行動、行為或習慣，明確說出你執行此一必要行動的時間和頻率。

範例：為確保盡量保持健康，我承諾每週五天上健身房，每天從早晨六點到七點，在跑步機上至少跑二十分鐘。

或……

為了保證使我的收入倍增，我承諾無論如何都要將每天必須打的銷售電話，從二十通倍增為四十通，一週五天，每天從早晨八點打到九點。

你的行動越明確越好，一定要將頻率（多常）、數量（多少），以及明確的時間範圍（何時開始與何時結束你的活動）寫出來。

第三步：每天早晨複述你的肯定（帶感情）

記住，你的「創造早晨奇蹟」的肯定不是單單為了讓你感覺良好，這些文字的策略性設計，是為了在你的潛意識中，建立達成你想要的結果所需的信念，同時引導你的意識專注在你的最高優先事項上，並採取可以幫助你達成目標的行動。

然而，為了使你的肯定更有效，你在複述它們時融入感情十分重要，若是心不在焉地一遍又一遍朗讀肯定，沒有用心感受它的真實性，這種肯定對你的影響微乎其微。你必須承擔責任，在內心生起真實的情感，譬如興奮和決心，並在你複述的每一句肯定中強力灌入這些情感。

你要確認你必須成為什麼人，必須做什麼事才能得到你想要的結果。我再說一遍：這不是魔法，你和你必須成為的這個人連結，一起朝著你的目標前進，這個策略就會產生作用，你將成為什麼人，比其他任何行為更能吸引你達成目標。

行動：每天安排時間在你的「創造早晨奇蹟」期間複述你的肯定來設定你的潛意

識，並讓你的意識專注在你認為最重要，並且承諾讓它實現的事情上。是的，你必須每天複述它們，偶爾讀一遍你的肯定和偶爾運動一下的效果一樣，只有在你使它們成為你的每日作息時，你才能看到成果。

複述你的肯定最理想的地點是淋浴間，如果你用膠膜將它護貝貼在浴室牆上，你就能每天看到它，或者將它們放在任何能提醒你的地方：放在你的汽車遮陽板下、貼在你的鏡子上，你越是常看到它們，你的潛意識就越能與它們連結，從而改變你的思想與行動，你甚至可以用白板筆將它們直接寫在鏡子上。

第四步：不斷更新發展你的肯定

隨著你不斷成長、進步與發展，你的肯定也應該如此，當你有一個新的目標、夢想，或你想為你的人生創造的任何非凡結果時，把它們加入你的肯定中。

就個人而言，我在我的生活中的每一個重要領域（財務、健康、關係、養育子女等等）都有肯定與承諾，而且不斷隨著我的學習而更新它們，我總是在尋找可以用來增進我的心態的名言、語錄、策略和哲理。任何時候你值遇一句名言或哲理，心想：「哇，我得在這方面大大地改進。」時，就把它添加到你的肯定中。

我有幾個常用的口頭禪和肯定，我最喜愛的是對未來的肯定。我喜歡樂觀地面對我的每一天，為此，我用簡單的肯定，如：

今天將是美好的一天。
今天事情將以我的方式順利進展。
我將使用一個良好的方法並得到良好的結果。

記住，你的肯定應該適合你，並使用第一人稱。它們必須明確，才能在你的潛意識中產生作用。

總之，你的新肯定要明確表達你承諾創造的非凡結果，以及它們對你至關重要的原因。最重要的是，它們要明確表達你承諾採取的必要行動，以及何時能讓你獲得並維持你想創造的非凡成就，以及你應得的成就。

成為頂尖的財富創造者的肯定

除了建立你的肯定的公式外，我還列出一些肯定的範例，也許有助於激發你的創意，請隨意將任何能讓你產生共鳴的肯定添加在你的肯定中。

- 我和地球上其他任何人一樣，值得、應該，並且有能力獲得財富，我今天就要以我的實際行動來證明。

- 我現在的處境是過去的我造成的，但我的未來，取決於我選擇成為什麼人，就從今天開始。
- 我承諾每天花三十分鐘至六十分鐘，修習我的「創造早晨奇蹟」和「挽救人生六法」，讓我持續成為創造我想要的人生所需的那個人。
- 我承諾專注於每天學習新的事物和提高我的技能，並且承諾每個月閱讀或重讀至少一本書，幫助我完成這項努力。
- 我承諾持久地、永無止境地改進我的日常工作，將它們做到最好。
- 為了保持我的專注力、身心健康與觀點，我承諾每個星期和每個月保留一段「不插電」的時間。
- 我承諾每天運動二十分鐘。

以上只是少數幾個肯定的範例。你可以利用任何能讓你產生共鳴的句子，但最好還是利用前面的篇幅中闡述的四個步驟寫出你自己的肯定。你對自己一再複述的句子，只要注入情感，一定會建立在你的潛意識中，幫助你形成新的信念，並透過你的行動展現出來。

✓觀想（Visualization）

「觀想」長久以來一直是世界級運動員的一種著名的修習方法，許多類別的奧林匹克運動員和傑出成就者每天都會利用觀想來提升他們的表現，比較不為人知的是，一些成功的創業家和頂尖的金融家也經常利用它。

當你觀想時，你利用你的想像力創造一個令人信服的未來圖像——一個極清晰，能使你產生動力，促使你努力讓那個遠景成為事實的圖像。

如果你想了解為什麼觀想能產生作用的有趣資訊，只要到Google網站查「鏡像神經元」（mirror neurons）即可。神經元是大腦與身體其他部分連結的神經細胞；當我們採取行動或觀看其他人採取行動時，會觸發我們的鏡像神經元。這是神經學中一個相當新的研究領域，但這些細胞似乎能讓我們藉著觀察他人的表現，或觀想自己的表現，來增進我們的能力。有些研究顯示，經驗豐富的舉重運動員能透過觀想來增加肌肉質量，而鏡像神經元可以使它成為可能。在許多方面，大腦無法區分生動的觀想和實際的體驗。

如果你對觀想的價值抱持懷疑態度，科學會建議你應該保持開放的心態！

你觀想什麼？

哈爾利用觀想，達成一個遠離他的舒適圈的困難目標。他討厭跑步，但他對自己（並公開）承諾他要完成一趟五十二英里的超級馬拉松，在為期五個月的訓練期間，他利用「創造早晨奇蹟」觀想自己穿上跑鞋，走上人行道，臉上帶著微笑，邁出輕快的步伐。到了訓練時間時，他已在內心將它編碼為積極與歡悅的經驗。

你可以選擇任何東西來觀想，不管是你邁向財富的一個關鍵行動，或一個也許你還沒有最佳表現的技能。你甚至可以觀想你習慣性抗拒和拖延的行動，對這些行動創造令人信服的心態與情感經驗，你可以觀想的對象不拘，但有些方法可以使你的努力產生更好的結果。

「創造早晨奇蹟」三個簡單的觀想步驟

觀想與肯定應該水乳交融，它是你的晨間作息中理所當然的下一步，觀想你的生活和你的肯定一致的最佳時機是在你複述肯定之後。「創造早晨奇蹟」的實踐者都遵循以下三個步驟：

第一步：準備工作

有些人喜歡在背景音樂中觀想，例如古典音樂或巴洛克音樂（巴哈的作品）。如果你想嘗試播放音樂，記得將音量調低一點。但就個人而言，我發現任何語言都會分散我的注意力。

現在，以舒適的坐姿挺起上身，你可以坐在椅子、沙發，或拿一個坐墊坐在地板上。深呼吸。閉上眼睛，摒除雜念，拋開任何自我施加的限制，準備開始觀想。

第二步：觀想你真正想要的

有些人在觀想成功時會感到不自在，甚至感到害怕，有些人可能抗拒這種經驗，還有一些人甚至擔心他們成功時會把其他百分之九十五的人拋在後面，為此而感到內疚。

下面引述一段瑪麗安娜．威廉森（Marianne Williamson）的名言，它對任何一個對觀想感到有心理或情緒障礙的人是個很好的提醒：「我們最深沉的恐懼不是我們能力不足，我們最深沉的恐懼是我們的能力大到無可限量。我們最害怕的是我們的光芒而不是我們的黑暗，我們問自己：『我是誰，為什麼可以聰明、美麗、才華洋溢、出類拔萃？』但事實上，為什麼你不能？你是神的孩子，你的自我貶抑對這個世界毫無裨益，縮小自己好讓四周的人不會感到不安毫無裨益。我們應該發光發亮，像兒童那樣，我們生來就是要彰顯我們內在神的榮光，它不是少數人才具備，它存在每一個人身上，當我們讓自己的光芒閃耀時，我們會不自覺地允許其他人也散放光芒。當我們從自身的恐懼解脫時，我們的存在自然而然也使他人獲得解脫。」

想一想，我們能送給我們心愛的人，以及你引導的人最好的禮物是充分發揮你的潛力。你覺得呢？你真正想要什麼？不要管什麼邏輯、限制和務實，如果你在個人與專業方面都能達到任何高度，那會是什麼樣？

細細地去看、去感受、去聆聽、去品味、去嗅你的願景，用你所有的感官使你的想像發揮到極致，你的想像越生動就越能刺激你採取必要的行動讓它成為事實。

第三步：觀想你自己（歡喜地）採取必要的行動

一旦在內心建立起「你想要什麼」的清晰畫面，你就會開始看到自己在做實現你的願景必須做的事，並以最大的信心和喜悅享受這個過程中的每一步。你要看到自己採取必要的行動（運動、寫作、推銷、展售、公開演講、打電話、發送電子郵件等等）。想像你在推銷創業投資公司以取得資金時充滿自信的表情和感覺，看到並感受到你在跑步機上運動時面帶微笑，為自己能過自律的生活而感到驕傲。換句話說，觀想你自己在做你必須做的事，並充分享受那個過程，特別是如果那不是你本來就喜歡的過程，想像如果你喜歡它，它會是什麼樣和什麼感覺。

想像你臉上帶著堅定的表情，充滿自信地持續發展業務，完成更多銷售，或做有效的投資，觀想你的同事、員工、客戶和合作夥伴回應你積極的態度和樂觀的前景。

把自己看成那個擁有一切的人，是擁有一切的第一步。

有關觀想的最後幾句話

你每天早晨複述肯定時若結合觀想，你就會在潛意識中強力而快速地灌注以最佳表現獲致成功的心態。你每天觀想，就是在使你的思想、感覺及行為和你的願景保持一致，這樣能使你更容易維持動力、持之以恆地採取必要的行動。觀想能幫助你強力克服自我設限的信念，和拖延這一類自我局限的習性，使你更容易採取必要的行動去實現非凡的成果。

在本書〈第二堂課：你是百萬富翁〉這一章中，當你建立你的百萬富翁願景時，我們會進一步探討「觀想」，我們會利用直至今日我仍在使用的方法。

✔運動（Exercise）

運動應該是你的「創造早晨奇蹟」的主要部分，即使每天只運動幾分鐘也能顯著增強你的健康、自信心與幸福感，並且能使你更清晰地思考與專注，你還會發現，每天運動能使你快速增強活力。

個人成長專家及白手起家的千萬富豪創業家埃本．派根（Eben Pagan）與東尼．羅賓斯（Tony Robbins）都同意，成功的首要關鍵是每天早晨從個人的成功作息開始做起，他們的成功作息包括某種晨間運動。埃本侃侃而談晨間運動的重要性：「每天早上，你要讓你的心跳加速，血液流動，讓你的肺臟充滿氧氣。」又說，「不要只在一天結束時或中午時間運動，即使你喜歡在那些時間運動，也應該在早上做十至二十分鐘的跳躍運動或有氧運動。」如果這對埃本和東尼有效，對你我也應該會有效。

怕你會以為你必須參加鐵人三項或馬拉松訓練，所以你不妨再思考一下。適量的運動——特別是如果你目前沒有在做任何運動的話，可以改變遊戲規則。如果你已經有在運動，你的晨間運動不一定要取代現有的下午或晚上的運動；你仍然可以在你習慣的時間上健身房。然而，多增加五分鐘晨間運動的好處是不容否認的，包括可以改善血壓和血糖，降低各種可怕疾病——如心臟病、骨質疏鬆症、癌症及糖尿病的風險。最重要的，早上做一點運動會使你自然地增加能量，有助於你跟上一天忙碌的行程。

你可以走路或跑步，跟著 YouTube 上的瑜伽影片練習瑜伽，或找一個「挽救人生六法」的同好一起打壁球。還有一個很棒的應用程式叫「七分鐘運動」（7-Minute Workout），能讓你在七分鐘內做完一套全身運動。你可以選擇，挑選一種適合你的運動去做。

創造財富不是一種靜態的追求，你需要無窮盡的能量儲備，全力應對你所面臨的挑戰，每日的晨間運動就是獲得能量的最好方式。

為你的大腦而運動

即使你不在乎你的身體健康，你也應該考慮一下，運動還能使你更聰明。醫學博士史蒂芬．麥斯利（Steven Masley）——佛羅里達州醫生及營養學家，專研適合企業主管的保健方法，說明運動如何和你的認知能力建立直接關係。

「如果我們談論大腦的表現，那麼大腦運作速度的最佳預測因素是有氧能力——你跑步上山的速度和大腦運作速度及認知移轉能力有密切關係。」麥斯利說。

麥斯利根據他為一千多名患者所作的研究，設計了一套企業健康計畫，「參加這些計畫的人大腦運作速度平均增加百分之二十五至三十。」

哈爾選擇瑜伽做為他的運動，並在創立「創造早晨奇蹟」後不久即開始練習，直到今天他仍在持續練習並熱愛它，我通常會做一些啞鈴舉重運動及遛狗。如果出外旅行，我會做仰臥起坐，我會嘗試做一百下，但不是一次完成！

有關運動的最後幾句話

你可能已經知道，如果你想維持良好的健康，增強活力，你就必須持續保持運動，這一點任何人都知道。但我們也知道，我們很容易找藉口不運動，其中兩個最常被使用的藉口是「我沒有時間」和「我太累」。這還只是許許多多藉口中的頭兩個，你能想到的藉口多得不可勝數，而且，你越有創意，你能找到的藉口就越多！

在你的「創造早晨奇蹟」中融入運動的美妙之處是：你是在忙碌了一天筋疲力竭之前，在你一整天想盡各種辦法找新的藉口之前運動，因為它是一天開始的第一個活動，「創造早晨奇蹟」確實是避免這些藉口並養成每天運動的習慣的萬全辦法。

法律免責聲明：希望這是多餘的，但你在開始培養任何運動習慣之前，應該先和你的醫生討論，如果你有任何身體上的疼痛、不舒服、行動不便等等，你可能需要調整你的運動作息，甚至減少運動量來配合你的需求。

✔閱讀（Reading）

獲得你想要的一切最快的方式之一是以成功者為榜樣，想擁有的每一個目標，很可能有專家已經實現同樣地或相似的事。如同東尼．羅賓斯所說：「成功有跡可尋。」

幸運的是，一些頂尖人士已在書籍中分享他們的故事。這表示，所有成功的藍圖只等著願意花時間去閱讀的人，書籍是無限的協助與指導資源，它們就在你的指尖。

如果你已經是個愛好閱讀的人，那太好了！但是，如果你直到現在仍是社會上占大多數的打卡上班族之一，想付出一點努力稍稍彌補，那麼這裡有個難得的機會。

雖然閱讀不會直接產生結果（至少短時間內不會），但有許多行為能把我們拉到低層次與成效不彰的方向，長久下來，這些效益遠遠不及持久的閱讀習慣。

想開創事業？業務成長？聘雇一個能幹的人？從房地產致富？改善你的情緒？成為更有效、更富有、更有智慧、更快樂、更有效率，或只是成為一個超屌的人？你很幸運，這些都有書籍可供參考。

我偶爾會聽到有人說：「我太忙了，沒有時間閱讀。」我懂。我以前也有這種觀念，但現在我想到我的導師曾經說過的一句話：「人類歷史上一些最偉大的頭腦歷經許多歲月，將他們所知的東西濃縮成少數幾頁文字，你只要花幾塊錢就能買到，花幾個鐘頭去閱讀，然後使你的學習曲線縮短數十年，不過我懂……你太忙了。」哎呀！

你每一天一定有一分鐘、十分鐘，或甚至三十分鐘去吸收一些珍貴的知識來豐富你的人生。你只需要利用本書前面分享的一些策略，在你展開一天生活之前，在**臉書**

上少花五分鐘，或者一邊吃午餐一邊閱讀，同時為你的大腦與身體補充營養。

這裡有一些哈爾和我建議你開始閱讀的書籍，一旦你啟動你的閱讀幫浦，我們打賭你會持續讀下去，永不停止！

- 《財富不等人》（Wealth Can't Wait），作者：大衛・奧斯本（David Osborn）、保羅・莫利斯（Paul Morris）
- 《卓越生活的藝術》（The Art of Exceptional Living），作者：吉姆・羅恩（Jim Rohn）
- 《聚焦第一張骨牌：卓越背後的超簡單原則》（The One Thing: The Surprisingly Simple Truth Behind Extraordinary Results），作者：蓋瑞・凱勒（Gary Keller）、傑伊・巴帕森（Jay Papasan）
- 《與成功有約：高效能人士的七個習慣》（The 7 Habits of Highly Effective People: Powerful Lessons in Personal Change），作者：史蒂芬・柯維（Stephen R.Covey）
- 《喚醒你心中的大師》（Mastery），作者：羅伯特・葛林（Robert Greene）
- 《一週工作四小時，擺脫朝九晚五的窮忙生活》（The 4-Hour Workweek: Escape 9-5, Live Anywhere, and Join the New Rich），作者：提摩西・費里斯（Timothy Ferriss）
- 《有遠見的企業：創業家的成功指南》（Visionary Business: An Entrepreneur's Guide to

Success），作者：馬克・艾倫（Marc Allen）

- 《分心：高科技世界的古代頭腦》（The Distracted Mind: Ancient Brains in a High-Tech World），作者：亞當・格茲利（Adam Gazzaley）、拉瑞・羅森（Larry D.Rosen）
- 《創意電力公司：我如何打造皮克斯動畫》（Creativity, Inc.: Overcoming the Unseen Forces That Stand in the Way of True Inspiration），作者：艾德・卡特莫爾（Ed Catmull）、艾美・華萊士（Amy Wallace）
- 《我的人生思考》（As a Man Thinketh），作者：詹姆士・艾倫（James Allen）
- 《富爸爸，有錢有理》（Rich Dad's CASHFLOW Quadrant），作者：羅伯特・清崎（Robert T.Kyosaki）
- 《失落的幸福經典：影響千萬人的生命法則》（The Game of Life and How to Play It），作者：佛羅倫斯・斯柯維爾・希恩（Florence Scovel Shinn）
- 《複利效應》（The Compound Effect），作者：戴倫・哈迪（Darren Hardy）
- 《大腦煉金術》（Your Money and Your Brain），作者：傑森・茨威格（Jason Zweig）
- 《撞出生命的火花》（Taking Life Head On: How to Love the Life You Have While You Create the Life of Your Dreams），作者：哈爾・埃爾羅德（Hal Elrod）
- 《思考致富》（Think and Grow Rich），作者：拿破崙・希爾（Napoleon Hill）

- 《美夢成真》（Vision to Reality: How Short Term Massive Action Equals Long Term Maximum Results），作者：昂諾莉・寇德（Honorée Corder）
- 《商業約會：在商業中運用關係規則以取得最後成功》（Business Dating: Applying Relationship Rules in Business for Ultimate Success），作者：昂諾莉・寇德（Honorée Corder）
- 《發現天賦之旅》（Finding Your Element: How to Discover Your Talents and Passions and Transform Your Life），作者：肯・羅賓森（Sir Ken Robinson）、盧・亞若尼卡（Lou Aronica）
- 《以精神為主導：無限轉化的小工具書》（Spirit Led Instead: The Little Tool Book of Limitless Transformation），作者：珍奈・藍恩（Jenai Lane）

書籍是改變你的人際關係、增強你的自信心、改善你的溝通技巧、學習如何才能健康，以及增強你能想到的生活中其他任何領域——這些都是你建立財富的工具包的一部分。你可以去圖書館或你家附近的書店——或者像我們一樣瀏覽亞馬遜網站，你會發現更多你想改善的生活領域方面的書籍。

有關哈爾最喜愛的個人成長書籍的完整書單——包括一些對他的成功與幸福影響最大的書籍，請上 TMMBook.com 網站點閱「Recommended Reading」提供的書單。

應該讀多少？

我建議每天堅持讀至少十頁（如果你的閱讀速度較慢，或者還不是那麼喜歡閱讀，也可以從五頁開始，再慢慢增加）。

十頁好像不多，但我們來算算看，一天十頁，一年加起來就是三千六百五十頁，以一本兩百頁的書籍來說，大約是十八本書了，這會讓你提升到另一個層次，你的成就也會因此提高，這一切只需要每天閱讀十至十五分鐘，如果你的閱讀速度慢一點，也許十五分鐘至三十分鐘。

如果你在未來十二個月內讀完十八本個人或專業成長書籍，你想你會改善你的心態，更有自信心，學到證明有效的策略，加速你的成功嗎？你想你會比今天的你更好、更有能力嗎？你想這會反映在你的業績上嗎？絕對會！每天閱讀十頁不會讓你蒙受損失，但一定可以成就你。

對我而言，我閱讀的推動力來自聽有聲書，我大部分是早上閱讀紙本書或電子書，但我還會在走路、運動或開車時聽有聲書。

有關閱讀的最後幾句話

閱讀前先想好目的：你希望從這本書得到什麼？現在就花一點時間問自己，你想從閱讀這本書得到什麼？

讀一本書不一定非要從封面讀到封底，也不一定非要全部讀完。記住，這是你的閱讀時間。你可以從目錄找出你最想讀的部分，如果不喜歡就放下不要猶豫，換另一本書。坊間有太多有用的資訊等著你，不要把時間浪費在平庸的書籍上。

許多修習「創造早晨奇蹟」的人利用閱讀時間學習他們的宗教典籍，如《聖經》或《妥拉》。

除非是從圖書館或朋友那裡借來的書，否則你可以在你的書上畫線、畫圈圈、標出重點、折頁，在空白處寫下心得。邊讀邊做記號，這樣你隨時都可以回頭重溫重要的學習、觀念和優點，不需要再從頭讀到尾。如果你用數位閱讀器，如 Kindle、Nook 或 iBooks——閱讀，也很容易做筆記和標重點，這樣你每次翻頁時都可以看到它們。或者，你也可以直接寫下你的心得和重點。

你可以在日記中總結重要的概念、見解和印象深刻的段落，你可以把你喜愛的書籍的內容摘要寫下來，這樣就可以在短短幾分鐘內重溫這些重要的內容。

重讀優良的個人成長書籍是一種非常有效但沒有被充分利用的策略，你很難讀一遍就將該書的所有價值都內化在心中，想要在任何領域融會貫通需要不斷地重複練習，有些書我會重複閱讀，甚至多達三遍，而且往往一整年會提到它們，為什麼不按照這本書所提的方法試試看呢？讀完之後立刻又再重讀，能加深你的學習，讓你有更多時間掌握你的「創造早晨奇蹟」。

最重要的，趕快安排時間將你正在閱讀的內容付諸行動，按照你的時間表實際閱讀，並且安排空檔將所學的內容付諸行動，不要成為一個個人成長的書呆子，讀得多卻做得少。我見過很多人以他們讀過許多書自豪，彷彿那是他們的榮譽勳章，我寧可讀一本好書然後實地去做，也不要讀十本書後什麼都不做，又接著讀第十一本書。雖然閱讀是獲得知識、見解和策略的好方法，但能提升你的生命和事業的，是將這些新的策略付諸實行。

✔書寫（Scribing）

書寫指的是寫作。（為了配合「挽救人生六法」的最後一個字母S，因此哈爾以S代替W。感謝《辭典》。）

「創造早晨奇蹟」的書寫部分，能讓你寫下你對什麼感恩，並記錄你的見解、觀念、突破、領悟、成功、你學到的教訓，以及任何方面的機會、個人成長或進步。

修習「創造早晨奇蹟」的人，會在他們的早晨作息中用五至十分鐘的時間寫日記。將你的想法寫下來，你會立刻提高你的覺知、清晰度和寶貴的見解，如果不寫下來，很容易忽略或忘記。

如果你和以前的哈爾一樣，你可能會有好幾本只寫一半就沒再摸過的日記本和筆記簿，但哈爾自從開始實踐他的「創造早晨奇蹟」後，書寫很快就成為他喜愛的日常習慣之一。如同東尼・羅賓斯經常說的：「有價值的人生值得記錄下來。」

每天寫日記的好處，是能讓你有意識地引導你的思惟，但更強有力的是你以後可以從回顧這些日記，或從頭到尾重溫一遍時——尤其是到了年底，會有更多的領悟。

你很難用言語形容重溫日記的經驗多麼具有建設性，《房地產仲介的創造早晨奇蹟》（The Miracle Morning for Real Estate Agents）共同作者邁可・馬赫（Michael Maher）是「挽救人生六法」的狂熱實踐者。他的部分晨間作息是在他所謂的「祝福書」（Blessings Book）中記錄他的感激與肯定。邁可說得好：

「你感激什麼……**感激**。現在是以感激我們已經擁有的貪得無厭的胃口，來取代我們對想要的東西貪得無厭的胃口的時候了，以感恩與感激之情寫下你的感激，你將擁有更多你渴望的東西——更好的關係，更多的物質享受，更多的快樂。」

雖然保留日記有許多珍貴的好處，但這裡還有一些我最喜愛的益處。每天寫日記，將使你：

- **思路更清晰**：寫日記能讓你更清楚地了解你的過去與目前的處境，有助於你解決你正面臨的挑戰，同時能促使你腦力激盪，確認優先事項，規劃你每一天的行動，優化你的未來。
- **記錄你的想法**：它能幫助你記錄、組織，並擴大你的想法，防止你遺忘自己為將來的有利時機而儲備的重要事情。
- **檢討教訓**：寫日記提供一個地方讓你記錄、參考與檢討你所得到的教訓——你一路上的勝利和所犯的錯誤。
- **了解你的進步**：重溫你在一年前（或一週前）寫的日記，看你有多少進步，這對你有巨大的好處，這是一種最讓人喜悅、有啟發性，及激發信心的經驗，任何其他方法都不能複製。
- **改善你的記憶**：人們總以為他們能記住許多事情，但如果你去雜貨店買東西時手上沒有一張採購單，你就知道那是不真實的，我們把某件事寫下來時，我們更可能記住它，萬一忘記，我們還可以再回頭去看。

有效的日記

這裡有三個簡單的步驟，可以協助你開始寫日記，或改善你目前的寫日記方式。

第一步：選擇一種格式——你要先決定你比較喜歡傳統的實體日記（紙本日記）或數位日記（在電腦上書寫，或利用你的手機或平板下載應用程式，在上面書寫）。如果你不確定哪一種適合你，先兩種都試試看再選擇最好的。

第二步：找一本日記簿——幾乎任何筆記簿都可以使用，但在實體日記方面，不妨買一本好看、耐用又賞心悅目的日記本，畢竟，在理想的情況下，你將保存一輩子，我喜歡買品質不錯的皮面、橫線日記本，但這是你的日記，所以你要選最適合你的，有些人喜歡沒有線條的日記本，這樣他們可以在上面塗鴉或設計腦力激盪圖，有些人喜歡每一頁都印有年月日的設計，方便他們日後追查。

「創造早晨奇蹟」的**臉書**社群推薦幾種好用的實體日記：

- **「五分鐘日記」**（The Five-Minute Journal —— FiveMinuteJournal.com）是非常受歡迎的日記簿，它每天提醒你，例如「我要感恩……」及「今天最快樂的事是什麼？」非常方便，只要五分鐘，或更短的時間就可以寫好日記。它甚至還有一個「晚上」的選項供你檢討一天所做的事。

- **「自由日記」**（The Freedom Journal —— TheFreedomJournal.com），它為你提供一個結構化的日常流程，協助你實現單一目標：「一百天內達成你的第一個目標」。它是由「熱門創業家」（Entrepreneur On Fire）的創辦人約翰·李·杜馬斯（John Lee Dumas）設計的，旨在協助你一次設定一個大目標並全力實現。
- **「計畫：你的傳奇人生規劃日記」**（The Plan: Your Legendary Life Planner）是我們的朋友共同發明的，它是一款設定目標與追蹤習慣的系統與規劃日記本，適用於準備過平衡的生活，並願意有意識地完全掌握人生各方面的人。
- **「創造早晨奇蹟日記」**（The Miracle Morning Journal —— MiracleMorningJournal.com）專門設計來增強與支持你的「創造早晨奇蹟」，讓你每天保持有計畫、有責任感，並追蹤你的「挽救人生六法」的進度。你也可以在 TMMbook.com 網站上免費下載「創造早晨奇蹟日記」範本，以確保它適合你。

如果你比較喜歡數位日記，網路上也有多種選擇，以下是幾款最受歡迎的數位日記：

- **「五分鐘日記」**（FiveMinuteJournal.com）也提供一款 iPhone 應用程式，格式和實體日記本一樣，但你可以上傳照片存放在你每天的日記上，也可以每天早晚傳送有利的提醒到你的日記本上。

- **「日記」**（DayOneApp.com）是一款很受歡迎的應用程式，如果你不想對任何書寫架構或字數設限，它是很理想的工具。「日記」提供一種空白頁日記，如果你喜歡寫長篇日記，這個應用程式很適合你。
- **「Penzu」**（Penzu.com）是一款不需要 iPhone、iPad 或 Android 裝備也能使用的線上日記，你只要有一台電腦連線就可以使用了。

同樣地，主要還是看你個人的偏好和你想要的功能，如果這些數位選項你都不喜歡，你可以在搜尋引擎打出「網路日記簿」，或只打出「日記簿」，進入應用程式商店，你就會有各式各樣不同的選擇。

第三步：每天寫——我在我的日記簿記錄兩件事：我的想法和我的目標。當我在早晨坐下來寫日記時，如果我的腦子紛亂——取決於我的生活中發生的事。我可能會寫很多或只寫一點點。對我來說，通常最後是一頁或兩頁，所花的時間從五分鐘到三十分鐘不等，視當天的情況而定。

你可以寫的題材多到不可勝數——你的讀書心得、你的感恩事項、你當天要優先處理的三、五件事，這都是個很好的開始。寫下讓你感到愉快的事物，優化你的一天。日記是讓你充分發揮想像的地方；批判的槍口對準你的內心，不要編輯、修改，只要寫下來！

✔量身打造你的「挽救人生六法」

我知道你可能會有幾天無法一次完成「創造早晨奇蹟」的所有活動。你可以隨意按照適合你的方式將「挽救人生六法」拆開進行，我想分享幾個概念，告訴你如何根據你的時間表與偏好，來規劃屬於你自己的「挽救人生六法」。你目前的晨間作息也許只能讓你從事六分鐘、二十分鐘，或三十分鐘的「創造早晨奇蹟」，否則你可能需要在週末延長時間來做。

這裡有個一般範例，利用「挽救人生六法」來進行六十分鐘的「創造早晨奇蹟」。

靜心：十分鐘
肯定：五分鐘
觀想：五分鐘
運動：十分鐘
閱讀：二十分鐘

書寫：十分鐘

你也可以調整順序，例如：我先靜心之後，立刻將水壺插上電，然後開始書寫，我喜歡在書寫之後複述我的目標，這是我的閱讀作息的一部分，然後我會讀幾頁書，做完這些活動之後才去運動。

哈爾喜歡先靜默一段時間，讓心安靜下來，慢慢清醒，澄清思慮，專注在他的活力與意圖上。

重點是，這是你的「創造早晨奇蹟」，你可以自由實驗不同的順序，看你最喜歡怎樣的安排，最好的「創造早晨奇蹟」是你的實踐！

有關「挽救人生六法」的最後幾句話

任何事情都是先從困難再逐漸變得容易，每一個新體驗都是從不舒服逐漸變成舒服，你對「挽救人生六法」練習得越久，就會感到越自然。哈爾的第一次靜坐幾乎成為他的最後一次，因為他的心像法拉利跑車一樣奔馳，他的雜念不聽使喚地橫衝直撞。但現在他愛死了靜坐，雖然他還稱不上大師，但他說他已經可以做得很像樣了。

同樣地，我第一次開始寫我的「創造早晨奇蹟」肯定時，也是先從《上班前的關鍵一小時》書中抄襲幾個句子，然後再加入我想到的內容。久了之後，當我遇到一些讓我印象深刻的東西時，我也會把它們加入我的肯定，然後予以調整。現在，我的每一句肯定對我個人都深具意義，每天運用的結果，它所產生的力量也遠大於過去。

請你現在就開始練習「挽救人生六法」，這樣你在開始閱讀〈第十三章：三十天創造早晨奇蹟的挑戰〉之前就能對它們更熟悉與自在，並能立即採取行動。

✔ 六分鐘創造早晨奇蹟

如果你最大的顧慮依舊是找不出時間，不要擔心：「創造早晨奇蹟」可以縮小範圍配合你的時間，你可以做完一整套「創造早晨奇蹟」，得到「挽救人生六法」的所有好處，而且一天只需要六分鐘。雖然六分鐘不是我會建議的每日作息時間，但是當你有時間壓力時，這裡有一個很好的捷徑，就是每一種做一分鐘：

- **第一分鐘（靜心）**：閉上眼睛享受片刻的寧靜，滌清你的思慮，讓你的心安靜下來。
- **第二分鐘（肯定）**：複述你最重要的肯定與承諾來增強你想達成的結果、為什麼它對你如此重要、你必須採取哪些特定行動，以及最重要的，你承諾何時採取行動。

- **第三分鐘（觀想）**：觀想自己圓滿地執行你今天想達成的行動。
- **第四分鐘（運動）**：站起來，做五、六十下開合跳，或盡可能多做幾次伏地挺身或仰臥起坐，要做到使你的心跳加速，促進生理活動。
- **第五分鐘（閱讀）**：拿起你最近正在看的書，讀一頁或一個段落。

最後……

- **第六分鐘（書寫）**：拿起你的日記簿，寫一件讓你感恩的事，以及你這一天要完成的一件最重要的事。

我相信你可以看出，即便只花六分鐘，「挽救人生六法」也能為你這一天設定正確的途徑，何況你永遠都可以等晚一點，當時間允許或機會出現時，再花點時間去做，持續在你時間緊迫的早晨做這六分鐘練習，主要是培養一個小小的習慣，這是讓你建立信心或提高情緒與活力的一個好方法。

另一個你可以嘗試的小習慣是，你先從「挽救人生六法」中的一項開始做，等你習慣提早起床後，再多做幾項。記住，目標是讓你有時間來設定個人目標與心態，如果你不知所措，它不會在你身上產生效果。記住：具體行動比時間長短更重要，無論時間多麼短暫，重要的是養成習慣，但一段時間之後要增長時間持續做下去。

個人方面，我已將「創造早晨奇蹟」培養成讓我得以持續更新與獲得靈感的每日作息，我非常喜歡。即使是短短幾分鐘的「簡略」版，也比完全不做要好太多。

透過「挽救人生六法」，我們已為你提供一個成為「早起的人」需要的完整的工具包——了解早晨的重要性、如何提早起床，以及利用你新找到的早晨時間做什麼事。

現在我們要換檔了，在「第二部」中，我們將從「早起的方法」與「為什麼要早起」，轉移到你在邁向百萬富翁的道路上，必須確認的關鍵理念和行動。

百萬富翁的早晨

我每天早晨四點半起床，帶三隻狗出去散步兼運動。到了五點四十五分左右，我會用一個八杯量的 Bodum 法式濾壓壺為我自己和我的妻子泡咖啡。這是在家泡咖啡的絕佳方式。

——霍華．舒茲（Howard Schultz），星巴克執行董事長

第二部

如何成為百萬富翁

創造財富、成為百萬富翁的六堂課

第四章

第一堂課：兩扇門

選擇成為富有的人

我們大多數人都有兩種人生：我們在現實生活中過的人生，以及我們沒有實現的那個內在的人生。

——史蒂芬·普雷斯菲爾德（Steven Pressfield），《藝術之戰》（The War of Art）作者

想像一下，你是一個遊戲節目的參賽者。

一路競爭到最後一輪比賽時，你站在「最後大獎」門前，攝影棚內的觀眾——一直為你歡呼的喧鬧人群此刻鴉雀無聲。現在只有你、節目主持人，和最後的挑戰。

主持人拿著麥克風。

「歡迎來到最後一輪比賽，」他宣布，「戰況十分激烈，但你都挺過來了，完成這一輪最後的挑戰，你就贏得『最後大獎』：你的所有債務將一筆勾銷，還能得到一百萬美元，免稅！」

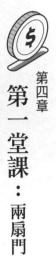

哇，你心想，這是我夢寐以求的事。

「贏了這一回合，」主持人戲劇性的語氣說，「你將成為一個百萬富翁。」

台下的觀眾瘋狂歡呼。接著燈光一暗，舞台上帷幕升起。

在聚光燈的照耀下，那裡有兩扇門。

台下的觀眾頓時激起一波興奮的漣漪。

「這其中一扇門的背後，」主持人說，「就是『最後大獎』。」

好極了。你心想，百分之五十的勝算，我沒問題！

你正準備開口，主持人忽然打岔，「等一下！」他說，「還有！」

你心裡納悶：還有什麼？

鑼鼓聲開始響起。

「得獎的門是，」主持人誇張地說，「左邊的門！」燈光閃爍，勝利的音樂響起，觀眾沸騰！

「嗯……」當現場情緒終於緩和下來時，你平靜地說：「你是在告訴我選哪一扇門嗎？」

「是的！」主持人大聲說，「我是！」

「所以……我必須選擇？」

「一點也沒錯，」他說，「如果你想成為百萬富翁，你必須選擇。」

這時候你真希望你的鬧鐘響，將你從這個顯然是作夢的情境中喚醒。

它也許看似瘋狂，但它卻是你和其他每個人所面臨的選擇，同時也是每一個白手起家的百萬富翁必須作的選擇。他們的選擇與你的選擇，和我們虛構的遊戲節目提供的選擇沒有兩樣。基本上，歸結起來它就是一種選擇：你想不想成為一個富有的人？

因為當你展開財富之旅時，重要的不是門的背後，而是有意識地作出選擇。

你的另一個人生：沒有（尚未）走的路

大多數人所過的生活和他們可能實現的生活有相當大的差距，許多人在錯的那一邊度過他們的一生。

這種差距往往帶來痛苦，在內心深處，我們知道我們可以完成更多——我們可以做更多、成為更多、擁有更多。造成我們痛苦的原因不是我們沒有財富，而是我們知道我們可以擁有財富，正是這種沒有實現的潛力讓我們感到不滿意。

這種不滿意使我們花太多時間去思考我們應該採取什麼行動，才能得到我們想要的結果，以致我們沒有足夠的時間去執行這些行動。很多時候，我們知道我們必須做什麼，但我們都沒有持之以恆地去執行我們應該採取的行動。

在這種情況下，你很容易以為你錯過了什麼秘密，當你看到別人出類拔萃時，會覺得他們似乎什麼都知道，他們一定知道一些你不知道的東西，他們一定有什麼秘訣、方法，或某種他們有而你沒有的無限的意志力來源。

但這不是事實。

以我和一些百萬富翁的經驗，百萬富翁和其他人的第一個差異是前者積極選擇成為富人，這是拉近你的財務現狀和你想像中的財富之間的差距的第一步：選擇。

如果有「秘密」的話，這個「秘密」是：選擇和你所想的不一樣。

✔「選擇」和「想要」

最近，有一些朋友來徵求我的意見，他們想藉著投資房地產來創造財富，認為我也許可以給他們一點意見。

這是一條我非常熟悉的路子，我主要是透過房地產創造我的財富，最終創下每年數十億美元的營業額。

我這幾個朋友一點一滴地存了七萬美元，現在他們要開始追求財富，想花三萬五千美元參加一場他們所謂的「教人如何買賣房地產」的研討會。

現在，他們站在我的廚房內，問我對這個計畫的看法。

我知道他們真正想問的是截然不同的問題，我的朋友和這個行星上的幾乎每一個人都有個共同點：他們「想要」致富，他們想要成為百萬富翁，他們真正要問的問題是：「怎樣才能不必太費力就獲得財富？」

我想你可以猜到答案。

我的朋友很可愛，他們真的想發財。不幸的是，他們缺乏幾乎每個百萬富翁都具備的共同要素：「選擇」成為富有的人。

不是只有他們沒有具備這個要素，許多想成為百萬富翁的人都沒有。「我將變成富人」和「我想要變成富人」有很大不同。「想要」是結果，是夢想和中樂透彩，它是一次又一次的準備，但是沒有瞄準目標，當然也沒有扣扳機發射。

而「選擇」是決斷、計畫和採取行動，在通往財富的道路上，這些都是可能產生變化的時刻，你要作艱難的決策，要擬定困難的計畫，還要採取很多、很多充滿挑戰的行動。

每一刻，你都要作選擇。每天早上，你可以醒來，做你平常做的事，或者你也可以選擇致富，你可以在「選擇」成為百萬富翁的情況下作出每一個決定，也可以在「想要」成為百萬富翁的情況下作出每一個決定。

「想要」是希望，僅此而已，而「選擇」是採取行動的第一步。

「想要」使人們把錢揮霍在快速致富的計畫上，我的朋友存了七萬美元，現在要拿出一半錢交給某個人，請他教他們如何買賣、翻轉房地產。但事實上，他們大可以每天提早一點起床，讀三本有關房地產買賣的優良書籍（它們通常是免費的，或售價很便宜）。

在「想要」致富的情況下，付出高價購買免費的資訊，不過是企圖找出一個簡單、容易的致富方式。

在「選擇」致富的情況下，將你的一半資金交給某個人換取你可以免費取得，或可以以極低代價取得的東西，這叫損失百分之五十資金。

「想要」是為什麼經驗不足的人決定做一日內交易股票的原因，他們認為這是簡單的方法，「想要」吃角子老虎機和樂透彩券。

我的朋友並非想透過房地產創造財富，至少還沒有這個想法，他們是希望有人能告訴他們買賣房地產的「秘訣」。不幸的是，我沒有這種秘訣，任何人都沒有。

我可以告訴他們，而且我將告訴他們的是：財富來自每天早晨。財富從你每天早晨醒來時開始，然後選擇日復一日刻意地將你的一部分時間、能量與資源，專注在使你成為富有的人這件事上。

它不是秘密，不是什麼生活小技能，它也不是什麼特殊的技術，這些都是「想要」變成富有，而不是「選擇」成為富有的跡象。

「選擇」完全是另一回事。

但到底要作什麼「選擇」？畢竟，和我們虛構的遊戲節目一樣，如果你要選擇百萬富翁那一扇門，你最好確切了解它背後的意義。

選擇一：積聚財富

關於「百萬富翁」這個名詞，我們有必要釐清幾個重要的區別，和許多人以為的正相反，「賺」很多錢不會讓你成為富人。它當然有幫助，但即使年薪超過百萬也無法使你成為一個百萬富翁。小報上到處可以看到運動員和明星的故事，他們從他們的職業生涯中賺進數百萬美元，最後卻宣告破產。

如果你的年薪是六位數，但你在你的房屋和信用卡上積欠的債務是年收入的十倍，而且你沒有其他任何資產，你不是一個百萬富翁。

成為百萬富翁的唯一方法是持有超過百萬元以上的資產。

說白一點，你需要的數目是不包括主要居所在內的一百萬美元，因為你總要有個居住的地方，建立一個不包括你的住宅在內的淨資產是一個更明智的目標。

本書所指的百萬富翁

每天都有人成為百萬富翁。

事實上，許多中產階級也能靠儲蓄與投資成為百萬富翁，如果你想被動地成為百萬富翁，你可以將你的 401K 退休金存入百分比提高到上限，平時省吃儉用，省下每一塊錢用來投資，最終你就會成為百萬富翁。

但本書不是一本談被動地投資的書籍。《上班前的關鍵一小時》談的是主動地投資，你不必早起也能將你的 401K 退休金存入百分比提高到上限，你只要打一通電話給你的公司人事室或財務顧問就可以了，本書是一本有關主動積極的書，不是被動的書。

這本書談的是每天要採取的行動，這意味著，就目的而言，當我們談到選擇成為百萬富翁時，我們談的是：

- 開創，或發展業務。
- 投資房地產，或善於利用其他形式的財富。
- 繼續保有你的工作，一邊開創一個可以更大成長的副業。

如果你想利用傳統的投資工具慢慢累積財富，這樣很好。你可以利用早晨的時間來做，但本書的目的要討論進一步的行動。

成為百萬富翁的第一個選擇，是選擇積聚財富。

選擇二：要有策略

在〈第二章〉中，我們談到協助你提早起床的五個步驟，成千上萬人利用它們來擊敗他們無法早起的藉口。這個過程有效的原因是，它是專為一個目的而採取的連續動作，以增強動力來幫助你提早醒來。它和設定鬧鐘然後希望有最佳表現不同。

一個是希望。另一個是選擇。

當你選擇富有時，你會注意到一些事情發生，起初它可能緩慢而不明顯，但一段時間之後，你會開始發現你是在積聚財富的情況下作的決定和行動。一旦你作了第一個決定——積聚財富，你會開始透過這個鏡頭去看你的行動，這表示你會開始運用更多的策略在你的生活與金錢上。

考慮一下這個比喻，假使你的目標不是成為百萬富翁，而是希望有個精瘦、健康的身體，如果你致力於達成這個目標——如果你選擇它，而不只是希望它——那麼你作決定的方式就必須改變。

- 當你去超市購物時，你會以選擇更健康的食物的角度來研擬你的採購清單。
- 如果讓你在步行或開車二者間作選擇，你會選擇步行。
- 到了明天早上，你會想：「健康的選擇是起床去運動。」你不會賴在床上睡懶覺。

如果你致力於實現健康的願景，你會開始以不同的方式去看你的所有選擇。同樣地，你決定成為百萬富翁時，你也會開始用那些鏡頭去看每一件事。

當你考慮購買房屋時，你可能會選擇有出租公寓的房屋，這樣你可以減少成本，省下更多資金去投資。

如果你要在租一輛你幾乎負擔不起的車或開舊款車之間作選擇，你會根據你創造財富的計畫來決定，你不會在乎你的鄰居開什麼車。

每天早晨，你不會睡懶覺，你會想：「不行，致富的選擇是起床努力執行我的計畫，成為百萬富翁。」

就像選擇健康需要你用不同的眼光去看你的生活一樣，當你選擇成為百萬富翁時，你同樣需要策略，你必須透過新的鏡頭去看你的生活，知道積聚財富是你現在優先要做的事。

選擇三：利用

許多人都有一種簡化版的理財觀念，看起來像這樣：如果我省吃儉用存下足夠的錢，然後努力工作，久了之後，最終我也許可以積聚一百萬美元。

對這些人而言，成為百萬富翁意味著檢視他們的銀行存款帳目，看到七位數，如此而已。

事實上，只是在你的存款帳戶中存錢很難致富。如果你有很高的收入，那當然有可能，但你的日常消費通常也會很高。

在現實中，你必須把你的資源投入工作，你必須以加倍努力的方式投入你的金錢、你的時間和你的精力。你的存款帳戶中的錢不會倍增（至少不會那麼快！），它只會累計，在你的工作上更努力也不會使你的收入倍增，它只會慢慢增加，在你的工作上花更多時間也不會使你的時間倍增；它只會使你花更多時間疏遠你的家、你的親人和朋友。

富人會決定以倍數成長，他們會決定以投資、以雇用他人、以最有效的方式來分配他們的時間，利用他們所擁有的資源。

後面會有一整章來討論這個概念，現在你要知道，明天醒來進行你的「創造早晨奇蹟」作息，就是利用你的時間的最佳方法之一，透過閱讀本書，你已經開始了！

選擇四：改變

有句俗話說：「你現在的生活方式不會讓你獲得你想要的結果。」在這個情況下，這句話是千真萬確的，並且值得深入探討。

你現在的生活，從你的工作和你的健康，到你的人際關係和你的財務狀況——是你過去選擇的結果。

你現在的工作，是你在某個時候所作的一個選擇。而且，無論你是否意識到這一點，從那以後，你天天都在作這個選擇。你可以告訴自己，你不得不做現在的工作，但事實上不一定，這是一個選擇。

你身上扛著十磅或二十磅重與生活型態有關的多餘脂肪嗎？那是你在最近幾天、幾個星期、幾個月和幾年所作的數以千計選擇的結果。

你重要的另一半，或你的密友呢，他們也都是你的選擇。

你的家具、你冰箱內的食物、你開的車，它們都是你的選擇。他們都是你過去的行為造成的結果，無一例外。

同樣地道理也適用於財富。

如果你從不存錢，那是一種選擇，如果你存百分之十，不存百分之十五，那是一種選擇。你選擇投資方式，或者不投資，年復一年……都是選擇。

環顧四周，你會發現，你現在的一切都是你過去的想法、決定與行動的結果。

這不是什麼深奧或玄妙的道理，這是因果關係。你過去的信念、思想和行動，都會在不久的將來形成幾乎所有的一切。

這就是現在的我們：如果你現在不富裕，主要是你過去的思想與行動的結果。

如果你希望將來富裕，你就必須改變你現在的思惟與行動方式——現在，以及從今以後，如同俗話所說，持續做同樣地事卻期待不同的結果，這是精神失常。

我要聲明，這不是口頭上說說而已，如果你在過去一年中日復一日採取不同的行動，你的人生會有什麼不一樣？

- 你會有一樣的身體嗎？
- 你會有一樣的工作嗎？
- 你會有一樣的錢財嗎？

如果你想成為百萬富翁，你要作的最重要的選擇，以及本書其餘部分的核心：下決心去改變。

改變當然不是件容易的事，問任何一個在新年作出新決定的人的成功率就知道。事實上，我想你可以檢視你自己的成功率，我做過各式各樣偉大的改變計畫，都沒有奏效，但我做過的選擇都是成功的選擇。

上面提到的四個選擇都不是只作一次就能成功；它們是你必須每天作的選擇。這是追求財富必須付出的代價。

- 你不能把錢花光，或只有微薄的收入，卻期待積聚財富。
- 你不能期待從銀行帳戶累積存款來變得富裕。
- 你不能期待作與積聚財富無關的決定而變得富裕。
- 你不能期待在不改變的情況下變得富裕。

這些都不是容易的選擇，但你絕對可以做到，你和任何人一樣有能力作這些選擇。

為什麼要成為百萬富翁？（什麼力量推動你持續作選擇）

人們說：「金錢是萬惡之源。」他們錯了。

我不是在談哲學。我的意思是，他們的引述有誤。這句話是引述自《聖經》——〈提摩太前書〉6：10，上面說：「貪慕金錢是萬惡的根源。」

如果你只是貪慕金錢，如果你只是想要金錢，如果你只是為了金錢而希望成為富人，你不會成功。

當然，你可以賺很多錢。而且，你也可以享受它，但除非你在愛慕金錢之外還拿得出一些成果，否則你將沿路燒毀一些重要的橋樑，例如你的健康和你的人際關係這些橋樑，而這些橋樑是你最終最希望擁有的東西。

也就是說：沒有比毫無目的地追逐金錢更快速的毀滅方法。

我從不追逐金錢。我喜歡金錢，但我為挑戰做了很多準備，做很多準備是因為它高高在上——像埃佛勒斯峰，像一座山。金錢是一個你面對挑戰、成長，並且每天早晨起床做一些事的生活的副產品。金錢是一種工具，不是目的，它是一種手段。

擁有更多金錢你會快樂嗎？那是一定的。快樂和選擇過一種充實與充滿樂趣的生活有關，經濟只是其中的一部分。如果你是有目的地這樣做，我相信經濟富足的生活會比經濟不富足的生活更充實，但這種經濟富足必須出自正當的理由。

問「為什麼」，當然是因為它容易使我們迷失方向，它容易使我們忘記當初驅使我們減輕幾磅體重，或開創事業，或請某個特殊的人吃晚飯的動機。這是為什麼你不僅需要一個驅動目的，還需要一個結構來支持它。就像有平均分攤就有聚餐，有減肥中心就有量體重一樣，你需要一個結構來支持你持續選擇成為富人。

這個結構就是你的「創造早晨奇蹟」。

早晨是你和「為什麼」的試金石。它們每天為你帶來創造空間——夢想、目標、樂觀的空間的機會；讓你記住「為什麼」你選擇財富，以及它對你有什麼意義。

這是為什麼早晨對百萬富翁極為重要，因為如果沒有它們，他們會和他們最初追求富有的動力脫節。

你選擇哪一扇門？

所以你在這裡。舞台已經布置好，你站在那裡面對兩扇門，你知道門的背後有什麼。觀眾等著你的決定。

你只要選擇。

你會選哪一扇門？

百萬富翁的早晨

據報導，史蒂夫．賈伯斯每天早晨對著鏡子問自己：「如果今天是我生命的最後一天，我會為我今天即將做的事而感到快樂嗎？」

如果連續幾天的答案都是「不會」，他就知道他必須改變了。

第五章

第二堂課：你是百萬富翁
以未來的願景取代盲點

「第一個原則是你不要欺騙自己，你是最容易被欺騙的人。」

——理論物理學家 理查·費曼（Richard P.Feynman）

「當然，如果它像一個簡單的選擇那麼容易，我們都是百萬富翁了。」

但我們不是，我們甚至連邊都沾不到。那是因為，雖然選擇財富是踏上富有之路重要的一步，它卻不是唯一的一步，而成為百萬富翁意味著每一步都不可少，不是只有第一步。

我常演講，演講的對象不僅僅是那些拚命想改變財務狀況的人。這些人最常見的掙扎是：

「我想賺更多錢，但不知道如何去做。」

「我拚命工作，但我沒有更富裕。」

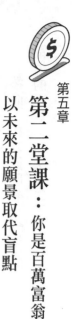

「有些人似乎有生財的秘訣，但我沒有。」

我想有些話你聽起來也許會覺得熟悉，它們確實是挑戰，你並不孤單，但我的答覆始終都一樣：「歡迎蒞臨這個盒子。」

歡迎蒞臨這個盒子只是進入一個更大概念的一條捷徑。這個概念，以我多年來創造財富的觀點——可能是在通往百萬富翁的道路上必須掌握的最重要概念。「盒子」說明了為什麼有些人即使選擇財富卻仍得不到財富。它說明了為什麼你會被某種收入或淨資產所困，以及為什麼你如此努力工作卻很少直接變得更富裕。

想當然，人人都想知道這是什麼盒子。

要了解這一點，我們必須先談甲殼類動物。

✓寄居蟹與百萬富翁

毫無疑問，你一定看過寄居蟹，牠們是甲殼動物，和人們最喜愛的龍蝦與大小蝦類同屬甲殼綱。

然而，和其他甲殼動物不同的是，成年寄居蟹已適應陸地上的生活，牠們呼吸潮濕的空氣，而不是水。而且和龍蝦及其他蝦類不同的是，寄居蟹沒有牠自己的硬殼。

寄居蟹有外骨骼，但比起其他表親，牠們的外骨骼相當柔軟，使牠們很容易被獵食，於是牠們演化成向其他甲殼動物借殼。當你看到一隻寄居蟹拖著牠們背上的殼在海灘上爬行時，牠身上的殼曾經是另一隻軟體動物的殼。

寄居蟹逐漸長大後必須尋找更大的殼寄居——和魚缸裡的金魚一樣，牠們受環境的限制。但有趣的是，不是所有的寄居蟹生來是平等的，有些寄居蟹寄居在同一個殼內的時間比其他寄居蟹更久；有些則幾乎不換殼，有些寄居蟹不停地隨著環境更換殼；有些則到了某一點上就不再換殼，牠們會寄居在同一個殼內直到生命結束。

人類和寄居蟹沒有太大的差別，但我們沒有物理上的殼，我們有的是內在的「盒子」——我們長期以來養成的心態、信念和習慣，當我們長大，這些東西不再適用時，我們就把它們拋棄。

我們在年輕和成長期間往往會大量換「殼」或「盒子」——在生理上與心理上——但是成年以後，這個過程通常會大幅度減緩。長大後，我們開始做同樣地事，和同樣地人在一起。我們有不變的作息，最重要的是，我們的信念和思惟方式變得更根深柢固，和一部分寄居蟹一樣，我們安住在一個心理上的「殼」，然後堅持到底。

這種傾向影響我們的生活各方面，從選擇職業到度假和人際關係，但在創造財富方面，關係尤為密切。

✓什麼造成現在的你

這個「盒子」是形成現在的你的信念、經驗、思惟、技能與機會，它是無形的，但你可以在你四周的物質世界中看到它的影響力。

你現在的盒子毫無疑問適合你，你已習慣它，並且感到舒適。盒子裡的一切都能提供你合理的、可預測的結果。你目前的家，你的朋友，你的工作或事業，你開的車，這些東西都是你過去的思想、信念和行動的結果，它們是你的盒子造成的結果，你採取的每一個行動都由這個盒子，以及協助你決定如何生活的大腦模式來過濾，無論它們是好或壞。

它也適用於你的收入，你現在使用的盒子，和導致你目前的收入、銀行存款餘額及淨資產的是同一個盒子。如果你想改變現狀，你需要換一個新的盒子。

當一隻寄居蟹想要或需要更大的空間時，牠們會拋棄舊殼，換一個新殼。但舊殼換新殼有一段危險期，寄居蟹柔軟、裸裎的身體暴露在外，這是一個風險，但是對寄居蟹而言，如果牠想要更好的房子，牠必須冒這個風險。

和寄居蟹一樣，你待在原地就只能成長這麼多，寄居蟹一天不換殼，什麼都不會改變。你也一樣，你局限於目前的盒子，如果你想要有不一樣的結果，縱然有風險，你還是得擴大你的盒子。

如果你想要不同的人生、不同的現實，你必須改變你的信念、你的思惟，和你的行動，如果你仍持續住在你目前的盒子裡，你會持續得到相同的結果。和寄居蟹一樣：如果你想要一個更大的殼，你就必須改變。

✔造一個更大的盒子

你永遠無法逃離這個盒子，因為你總是過濾你的信念和過去的經驗來看世界，你總是被你的大腦「欺騙」，始終看不清事實，我們都一樣，但你可以擴大這個盒子，而且你有兩種方式可以做到。

首先，你要覺察出你的偏見——尤其是與金錢和財富有關的偏見。這些偏見會遮蔽你的判斷力，限制你的思路，使你陷入困境。偏見就像你大腦中的盲點，它們讓你看不清事實，使你被大腦的線路欺騙。

擴大盒子的第二種方式是為自己設想一個不同的人生，想像一個不同的盒子，一個可以讓你過得更富足的盒子，在這裡，你是百萬富翁。

和寄居蟹一樣，你要換一個新的殼。

✓舊盒子：找出塑造你的財務世界的偏見

我認為，近數十年來有關人類生命最重要的發現之一是：我們沒有看到世界真正的樣貌——我們沒有看到「真相」，我們看到的是注入我們的大腦的現實版本，而我們每個人的大腦都是獨有的，各不相同。

如果這看似有點難以置信，要知道這並非偽科學。你以為你知道，以及你相信的一切，都是你的大腦創造出來的——腦神經科學可以證明。「紅」色是你的大腦對光的詮釋，你的大腦，這表示你看到的紅和其他人體驗到的紅可能不一樣。

我們透過這種「大腦過濾」的方式看世界，扭曲了我們對真實的看法，它讓我們以自己獨有的方式看待一切事物，導致我們經常產生偏見，尤其在金錢方面。

不要難過，我們都有偏見，無一例外。但是，覺察到這些偏見，你就可以了解你目前的盒子範圍，以及什麼在阻礙你擴大它。

偏見有很多，但以財富而言，這裡有幾個偏見影響最大。

厭惡損失

我們都不喜歡損失，沒有人喜歡損失，但因為我們非常不喜歡損失，以致我們不喜歡損失的程度超過我們喜歡贏！贏得一百美元的感覺很好；但損失一百美元的感覺卻糟透了。

這使我們緊緊抓住我們已經擁有的，在金錢方面，它同時意味著我們厭惡風險，但創造財富總是要冒一些風險；如果你太厭惡損失，很難快速成為百萬富翁。

沉沒成本謬論

和厭惡損失有關，這個思惟方面的缺陷使我們傾向將資源投入我們不該投入的事物，如果你說：「我已經投資這麼多了，現在不該停止。」那麼你已成為這個謬論的犧牲品，記住：沉沒成本（sunk costs）已經付出了，你無法取消它們！

維持現狀

這是指我們傾向希望保持現狀。就像從不換殼的寄居蟹一樣，我們喜歡熟悉的東西，改變使我們感到不安，我們傾向不改變……但我們必須改變。

時間折價

這是指我們傾向重視眼前的回報勝過未來的回報，當你選擇現在吃一加侖的冰淇淋，卻又擔心你未來的健康時，你就是對未來的自我價值「打折扣」。這在財務上會以不能延遲滿足的方式呈現——現在花錢，這樣我們的投資才能在未來獲得更大的回報。

鴕鳥效應

這我們都知道：傾向逃避現實，如果你因為不想面對欠款而不拆開信用卡帳單，或延後處理你知道的麻煩的業務問題，你就是墮入鴕鳥效應。

經過盒子過濾的其他東西

除了心理學家和經濟學家已公認的一些偏見之外，還有更多沒有被提到——根據你的教養、你的同儕、你的文化等等所形成的信念與思惟模式的「非正式」偏見。

這包括你相信「努力工作」，卻從未想過你是否聰明地工作（關於這點，〈第七章〉會進一步詳述）；或者認為「有錢人都是貪婪的」，或「金錢是萬惡的根源」。

這些信念都可能不利於你未來的發展。

我們對金錢都存有一些信念——對金錢的意識，它會影響我們創造財富的能力，你要做的就是要找出這些信念，確認哪些信念會阻礙你，以及你需要哪些新的信念幫助你變得富裕。

改變這些偏見的唯一方法就是察覺它們，只有察覺它們，你才能知道你已落入它們的圈套。這需要練習，而早晨就是要做這件事！

這裡有一個多方探索大腦如何塑造你的財務盒子的絕佳資源：傑森．茨威格（Jason Zweig）著作的《大腦煉金術》（Your Money and Your Brain）。

新盒子：設定你的百萬富翁願景

在《財富不等人》這本書中，我的共同作者和我指出了「空中遊戲」（air game）和「地面遊戲」（ground game）的差別。

地面遊戲，是你日復一日長期努力工作，完成任務，許多人談到工作時，他們想到的是他們的基本工作——他們打出去的推銷電話、他們敲打的鐵釘數量、他們書寫的文字，或者他們撲滅的火災，地面遊戲讓你得到收入，它是一點一滴磨出來的。

可以確定的是，地面遊戲十分重要，你不可能坐在那裡等待成為百萬富翁，但因大多數人只知道地面遊戲，因此往往被它所困。你的地面遊戲就在盒子裡面。

但空中遊戲完全是另一回事，它是你站在五萬英尺高的山巔上，可以遠眺千里的人生觀。你的空中遊戲包括你創造財富的計畫與策略——它是從一個更高的層次去看你的人生，並確認你的地面遊戲聚焦在正確的位置上，空中遊戲能推動你擴大你的盒子。

這兩者缺一不可，只有空中遊戲沒有地面遊戲，意味著你只是空想、浪費生命——意指你不想選擇那扇財富的門，但又希望成為百萬富翁。

只有地面遊戲沒有空中遊戲也一樣有問題，你每天都在一點一滴地磨、辛勤工作，卻發現所有努力都沒有使財富大幅度增加，或者更糟，沒有增加任何東西。

下一章，我們將闡述設定百萬富翁級的目標與計畫來實現它們。但目標、計畫和財富都適合更廣的定義——你的人生的最高的空中遊戲，這些都需要以一種符合你想要的人生的方式結合在一起，你可以隨心所欲選擇財富，但如果它和你的生活不一致，你永遠不能成功或堅持下去。

為了確保你作出正確的選擇，並確保你設定的財務目標切合你，首先定義你想要什麼樣的人生至關重要，我稱它為我的願景，它是空中遊戲的最高視野。

我會在每一年的日記簿後面寫下這一年的目標，我走到哪裡都帶著我的日記簿，它具備記事本、待辦事項及收集一般想法的功能。到了年底，它就成為我過去這十二個月的想法的紙上記錄。

它們沒有一個不是我的願景，我通常建立一年期的目標架構，但我另外還有五年和三十年期的人生願景。

這些願景檔案——我的最高的空中遊戲，以一種獨特的形式記錄下來，以下是我使用的流程。

一個不是那麼神秘的百萬富翁的一封信

想像你收到一位成功的百萬富翁的來信，這個人不但在信中描述你眼中的完美人生，而且他還指導你、鼓勵你如何創造這樣的人生。這封信不但珍貴，而且迷人。

這正是我用來創造未來願景的技巧，只不過這個百萬富翁是我。我給自己寫一封信，彷彿我已處於未來的某個時間點（通常是五年或三十年）。在這封信中，我要做的是描述我的人生，以及我如何達成它，並為年輕的我提供任何必要的指導和鼓勵。

你也可以這樣做，一個快樂、健康、富裕的未來的你，寫一封信給現在的你。這乍看之下似乎有點怪異，但從未來寫信給現在的你，它所傳達的結果和你從目前的角度去想像未來不一樣。前者需要你把自己放置在你將成為的那個人的立場，而不僅僅是想像未來的情況，它讓你離開單純的希望，進入真正富裕的感覺。

以下是我最喜愛的寫一封重要的信的策略——未來富有的你寫給現在的你。

1. 觀想未來，彷彿你就在那裡

開始時，你可以利用〈第三章〉詳述的「挽救人生六法」中的觀想技巧，大膽想像自己的未來。

你的人生像什麼？你周圍的環境是什麼？你的業務如何運作？它發展到什麼程度？你的人際關係如何？你的健康？一一觀想它們。

2. 無懼、無疑地創造你的願景

創造一個可以激勵你的大膽願景不需要花任何錢。

記住：你是在寫已經發生的事，所以沒有懷疑的空間。

3. 用現在式書寫

描述你未來的生活，彷彿你就在那一刻。你不能說：「我將擁有一間豪宅和蓬勃發展的事業。」你要用未來你的現在式描述這些東西。

你也可以提供安慰與建議，有時，想像未來的你，也可以成為「辨認你現在的阻力」的捷徑。

4. 你的願景要和你的情感一致

除非你對它有強烈的感覺，否則不要把它納入你的願景，毫無限制的腦力激盪，很容易把一些不太重要的東西——譬如：一座私人島嶼、可以存放十二部車的寬敞車庫之類，納入你的願景。這些東西沒什麼錯，但除非你對它們有強烈的感覺，否則不要納入。

5. 不要擔心你的願景如何實現

當你開始想像一個和眼前的現實大不相同的未來時，首先你會發現如何創造它的疑問會悄然出現，這些念頭幾乎會一直抑制你的願景。

例如，在你未來的願景中，你也許說：「我正在我們的法國度假屋寫信給你，我們每一季都會在這裡住上三個星期。」短時間內你很興奮，你一直想住在法國。接著，現實悄然出現，我哪有能力在法國買房子？我不在的時候，誰照料它？再說，我不可能每一季休假三個星期。瘋了！

接下來你知道，你要把你熱愛的東西改寫成比較合理的願景。

合理與願景無關，你的願景是你想要的人生，不是你如何去得到它。暫時不要去想如何，你有幾個星期、幾個月和幾年的時間去想如何實現未來，現在是想像你想要的人生的時候，不是進入那個人生。

記住：這是未來，而你是百萬富翁，你的人生像什麼？你想對「不是百萬富翁」

的你說什麼？

思考你的人生願景，彷彿它無限遠大，這樣可以讓你開始走出你的盒子。你也許不能馬上理解這個願景，但無限制地想像它是往前邁進的第一步。

✔ 回到現在

一旦你可以擘劃願景而不擔心如何創造它，接下來就要展開加強練習的早期階段了。此時，你仍必須保持在五萬英尺的高度，我們還沒有要設定目標和計畫。你要保持頭腦清晰，視野開闊，但現在是思考你從什麼地方下手，開始將你現在的時間、能量和技術應用在創造財富的事業上的時候。

吉姆·柯林斯（Jim Collins）在他的著作《從A到A+》（Good to Great）中使用了他所稱的「刺蝟概念」（Hedgehog Concept），提到三個圓的交集——一個公司如果想成功，應該把焦點集中在一個地方。

我把相似的概念運用在個人的成長上，你要檢查你生命中的三個圓，找出它們重疊的區域，這些區域代表你要盡全力去創造財富的地方。

這三個圓是：

技能（skills）　機會（opportunity）　激情（passion）

創造財富的有效點（sweet spot for building wealth）

技能

擁有技能意味著：你要與眾不同並不斷改進。你可以從事世上最賺錢的生意或事業，但如果你沒有能力在你的專業上提高水準並持續改進，你不會變得富裕。

問你自己：

- 我擅長什麼？
- 我擁有什麼比多數人更豐富的經驗？
- 我長久以來有持續增進什麼能力？

機會

在一般人不願意花錢的行業上與眾不同，不會使你成為百萬富翁。在需求低、報酬率差，或沒有前途的工作上努力不懈，你也不會富有。想成為百

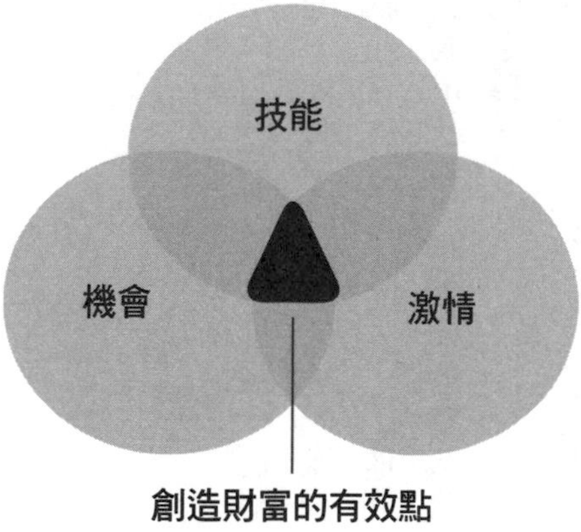

萬富翁，你必須專注於有財務報酬的機會。

問你自己：

- 我的情況有什麼獨特之處？
- 我能提供什麼世界缺少的東西？
- 我有什麼資源，或我能取得什麼資源？

激情

激情不該和「我必須每一天、每一秒都熱愛我的工作」混為一談。那是一個陷阱，它永遠不會帶來財富。不錯，熱愛你的工作是重要的，你必須高高興興地起床去工作，但你的日子不會總是輕鬆愉快，那是一種迷思，就連世上最成功的人——他們都熱愛他們的工作，也會有艱難的日子。他們必須作出艱難的決策，他們也會有大大小小的挫折與災難，他們醒來時會懷疑，也會質疑自己的選擇。

激情就是知道你擁有這段旅程所需的燃料——你有足夠的動力去努力工作並持續改進。少了激情，你不可能恆久堅持直到變成富有。

問你自己：

- 我喜歡什麼？
- 我願意做什麼事，即使它們是艱難的？

• 我願意做什麼事，即使我不會立即得到回報？

核心

圓的中央是建立財富的有效點，但只有兩個圓交疊不足以建立財富。沒有激情意味著你的旅程缺少燃料；沒有機會意味著你會破產；沒有技能意味著你會事業失敗或停滯不前，這三個要素你都必須具備。

百萬富翁就在這個圖表的中央運作，三個圓交疊的地方——在那個核心，你做你最擅長的事情，你獲得市場報酬，你每天都持續在做，因為你喜愛你的工作。

✔ 找尋新殼

在完美的世界裡，你以白板的狀態——一塊乾淨的寫字板，上面沒有你過去的程式編碼，沒有局限你的信念，沒有匱乏的心態，展開你的百萬富翁之旅。在那個狀態下，你可以最大膽地設想你的財務未來，沒有恐懼、沒有不確定性地推動它。

當然，沒有人能這樣，我們都有過去，我們都有偏見與信念，有恐懼與焦慮。沒有一個百萬富翁不曾在疑慮中掙扎——誰不是仍舊在疑慮中掙扎。有疑慮就有掙扎。

畢竟，換殼對我們這些卑微的寄居蟹來說是件冒險的事，但這個風險正是我們的回報。

世上沒有治療疑慮的藥，也沒有無盒子的生活。但要知道這一點：早晨是你擴大盒子的自由時刻，你的「創造早晨奇蹟」是你思索盒子以外的世界的時間，你要超越你的局限，重新開始，大膽行動，放棄那個安全的舊殼，去爭取更大、更光明、更好的東西。

百萬富翁的早晨

「每週五天，我會在睡前和睡醒時朗誦我的目標，我有十個與健康、家庭、事業有關的目標，它們都有到期日，而且我每六個月更新一次。」

——戴蒙．約翰（Daymond John），美國企業家、投資者、作家、勵志演說家及電視名人

第六章

第三堂課：你的飛航計畫目標、計畫與財富之旅

我們以高水平設定目標的能力，可以說是人類大腦進化的顛峰。

——亞當·格茲利與拉瑞·羅森，《分心：高科技世界的古代頭腦》作者

如果你能悠遊時空，回到地球生命的初期，你會發現你和你的原始祖先有一個共同點：目標。

甚至回到我們遙遠的進化史以前，在大腦和神經系統生成以前，單細胞生物也都以目標為導向，它們有簡單的探測器使它們能感知到化學物質而朝著對它們有利的方向移動，並遠離對它們不利的東西。

幾千年來，這種追求目標的基本行為已大大的改進，但在我們的核心，人類仍然是一個趨吉避凶的物種，我們透過尋找能讓我們存活的東西，擯除危害我們的行為而得以生存下去。

然而，生存與繁衍有極大的差異，在財務上求生存是地球上幾乎每一個人都在做

的事，一般人都能過得去，他們有吃有住，他們工作，得到報酬，然後回家。

但謀生與創造人生不一樣，財務富足的意義遠大於生存。它意味著將進化的基本二分法「苦與樂」提高到一個全新的水平——當你善用你的早晨時，你可以達到的一個水平。

目標與計畫

雖然我們仍在追求離苦得樂，但人類確實擁有大量先進的大腦功能供我們支配。首先，我們可以為未來設定目標，我們複雜的大腦不僅能讓我們觀想自己的未來，如同上一章所說，還能設定明確的目標協助我們實現它。其次，我們為未來設定目標後，我們可以擬定計畫來達成目標，我們可以制定步驟、預測障礙、確認我們達成目標所需的資源，目標協助你實現你的人生願望，計畫協助你達成你的目標。

我稱這種結合為飛航計畫，這是個簡單但恰當的譬喻，如果你想飛到某個地方，你的飛航計畫需要兩個資訊：目的地（目標）和地圖（計畫）。兩者都很重要，有了它們你就能順利地飛到紐約，但假如你有指南針和飛機，卻沒有地圖，你只能毫無方向地飛行，怎麼也無法接近**大蘋果**。

你可能已在你的人生中體驗到只有其一沒有其二的缺憾，設定目標但沒有計畫，短期內你會感到興奮，但是當你最終沒有達到你設定的目標時，你會感到失望，你「興匆匆」地參加一個又一個研討會，或又再一次立下一個新年新決心，但最終一切仍照舊如常。

同樣地，只有計畫沒有目標將導致你白忙一場、一事無成。你有行動，但你沒有把你的能量引導到正確的方向，你只會度過飄搖動蕩的人生。

我在累積我的財富之際，學會了一個定義百萬富翁的元素，那就是他們都有明確的目的。沒有一個百萬富翁（我見過很多百萬富翁）不具備這兩個飛航計畫的要素。他們知道他們的目標，以及如何達成目標的計畫。他們知道這一天、這一週、這一個月應該做什麼，他們知道他們前進的方向。

如果你希望你的人生切合你設定的願景，你就必須同樣具備有目的的方法——你必須同時具備目的地和路線，你必須有一套飛航計畫。

在本章中，我們將討論如何利用你的「創造早晨奇蹟」來（一）設定對你有意義的目標，以及（二）研擬實現這些目標的計畫。

✓目標：成為百萬富翁

我在我的日記中寫下兩件事：我的想法和我的目標。

我在我的早晨作息中書寫我的想法——一系列的概念、塗鴉、雜七雜八的想法，和其他深思的內容，這是一個持續的過程，但沒有嚴謹的結構。

但我的日記後面卻截然不同，那是我寫下我的目標的地方。我習慣設定目標，並致力於實現我的目標。我每天早晨朗讀我的目標，這是我修習「挽救人生六法」的一部分。完成我的目標後，我會在它上面用彩色筆畫一條線，我甚至用不同的顏色來區分我的目標類別。

你不要以為我天生是個會設定目標和做事有條理的人，這點我要先把話說清楚。在學校裡，我是個成績C的學生，更是個做事拖拖拉拉的人，任何必須完成的工作，我總是盡可能拖延。（我實在不願意承認這一點，但我曾經買過照理說會讓人在潛意識中「對抗拖延」的CD，我不確定它們有沒有效——因為我只聽到海浪的聲音，但我知道我拖拖拉拉的習性又持續了許多年。）

我不知道有沒有一個和設定目標及實現目標對立的字眼，但我知道我多年來一直是這種人，如果你很難確立目標，甚至一旦確立目標後很難實現，請你一定要明白，你不會因此被判財務平庸的無期徒刑。

然而，經過幾番摸索之後，顯然我最後的抉擇是成為富人，但那時我還沒有找到正確的路徑與自律，我只是把一隻腳放在油門上用力踩下去，希望它能帶我到達某個地方，最好是能賺到一卡車的錢。

到了二十多歲，開始進入這一行時，我看到設定目標的益處——知道該往哪裡走，那種感覺很好。但是等我寫下一個目標後，它似乎注定要消失在某個我再也見不到它的煉獄中，結果，當然更不會再想起它了。就我所知，這些目標的下落和所有遺失在乾衣機裡的襪子一樣不知所終。

從那以後，我改進設定目標的過程，使它產生卓越的成效，它不僅使我從極度的拖延者轉變為以目標為導向的成功者，並且使我和世上許多白手起家的百萬富翁所做的一致，如果你想下載我所使用的設定目標的範本，請造訪 www.thegoaltemplate.com/MM 網站。

1. 在顛峰狀態設定目標

在我改進設定目標的過程中，最大的驚喜之一是「目標本身只是藍圖的一部分」，造成巨大差異的是我設定目標時的狀態。

舉個例，如果我在疲憊、不知所措或怯懦的狀態下設定目標，我很可能會失敗。

反之，當我在精力充沛、樂觀和自信的狀態下設定目標時，我比較可以堅持下去並實現目標。

第二種狀態——我感覺最好、最有自信、心力最高的狀態，是心理學家所稱的顛峰狀態，是一種你已提高覺知、心情與能量的心態，如果你能在那種狀態下抓住靈感並設定目標，你會創造出更具有啟發性，並且和你產生共鳴的目標。

這就是早晨發揮作用的地方。「創造早晨奇蹟」能在你展開這一天之前，體驗到更持久、更強大的顛峰狀態，吸引你逐漸進入更細微、更縝密的思考。

你要在你的早晨作息時間內，注意令你感動或激勵的一瞬間。它可能出現在你運動、閱讀、書寫，或靜心的時刻，「挽救人生六法」中的任何一種方法都是一個啟發靈感的時機。

當靈感出現的時候呢？抓住它，將它寫在你的日記中。不要只寫目標，要把當時的情境也寫下來：你正在做什麼？想什麼？什麼促使你想到：「我想這樣做」？

當然，任何瞬間都可能產生靈感，你可以藉著觀賞啟發人心的電影，閱讀勵志書籍，或者去任何能帶給你能量的地方，刻意營造這種顛峰狀態。你的強烈的情緒背景可能是大自然、咖啡屋，或在四萬英尺高空飛行的班機上，你也可以在教會做禮拜、和朋友歡聚一堂，或聆聽一首歌的時候找到它們。

強而有力的狀態有兩個優點，第一個優點是：你可以設定更好的目標，你會選擇那些激勵你和你想要的東西。

第二個優點是：當你審查你的目標，或你遇到阻礙時，你可以重訪使你改變狀態的地方。

- 感到氣餒？你可以再去拜訪最初設定目標時，俯瞰潺潺流水的那座橋。
- 拖拖拉拉？再走一趟促使你獲得最好的點子並解決問題的健行活動。
- 對下一步畏縮不前？再聽一遍那一首激勵你改變現狀的歌。

目標是將你的狀態轉變為你被某個事物觸發、感動和激勵時的狀態，引導你的心態，打開你對可能性的感知力，帶給你能量在面對逆境時繼續前進。顛峰狀態是讓你實現目標的燃料，它們是你用來成為內心深處那個想從生活中得到更多（包括財富）的你，以及那個「想換一個更大的盒子」的你的一種資源。

2. 保持彈性

許多年來，我一直想跑馬拉松，這是所有體能目標中的經典，一種對身、心、靈的考驗。所有清晨的訓練、專心一志、推「牆」練習——跑馬拉松似乎是我應該要做的事。

我接受訓練，我在清晨跑步，我在忙碌的時間表中勉強塞進跑步機運動時間，然後在一次馬拉松之旅的里程碑上，我做了許多人都做的事：報名參加半程馬拉松。太可怕了。跑完後那幾天我一直很不舒服，因而放棄那一年的馬拉松目標。然後我又再度設定目標，再度報名參加半馬比賽，我又一次感覺糟透了，我不喜歡，比賽期間和賽後都不喜歡。

我和我的指導老師談到這個目標。他喜愛跑步，但他為膝蓋和腳踝疼痛所苦。我也不想碰上這些問題。

一天早上，我凝視這個目標，心想：我不喜歡這個，我不想做這個。

於是我把它從目標清單上刪除，從此不再眷戀。

馬拉松對我來說是一個「應該」達成的目標，我覺得那是一件我應該去做，向自己證明我也行的事。但我不想做這件事，我不想跑馬拉松；我想成為一個「跑過」馬拉松的人，我想要馬拉松獎牌，但是不想跑馬拉松。

財富目標尤其如此，「應該」不是目標的好材料。你要麼去做，要麼不做，但它們不是用來改變自己的東西，它們不會加速你邁向財富的腳步。因此，你應該審慎地重新考慮它們，必要時放下它們。

我在一年當中會設定二十五至三十個目標，其中百分之十可能會被我捨棄，它們有的是小目標，有的是大目標，但它們都有一個共同點：它們可以改變。對我來說，目標是活的，是會呼吸的東西，你改變，它們就改變，它們來去自如。

和鮮奶一樣，目標也有有效期限。有時，一個目標只適合你生命中的某個時期，它會過時，或者必須擱置。譬如，我愛打高爾夫球，通常我會參加比賽，並為我的成績設定目標。但是今年我發現我沒有很專心，我新創了一家公司，對這個過程有非常多的想法，我發現我在打高爾夫球時沒有專心打球，腦子裡想的是我的工作，我會在前八洞或九洞打得很好，接下來就一塌糊塗。事實上，我專注工作勝過我專注打高爾夫球，打高爾夫球沒有帶給我情緒上的火力，它已在它的情境中敗下陣來，至少暫時如此。我在我的目標清單寫下：我要去上一位專家的十堂高爾夫球課以增進我的球技，看來這個目標今年無法達成了，但是沒關係，因為我的靈感在別的地方。

我並沒有就此放棄，這是一個根據報酬而作的有意識的抉擇，我知道我必須停止對抗我沒有被這個目標啟發的事實，而且我必須作有意識的改變。

雖然一個目標如果不能激勵你或適合你，放棄它沒有關係，但你要了解，經濟上的成就需要你選擇一種能鍥而不捨並成功獲得的東西。我們會在〈第五堂課：啄木鳥效應〉中深入闡述堅持與放棄，但你要了解，雖然你需要一定的堅毅特質才能成為百萬富翁，但沒有目標不啻是判處無期徒刑。

3. 檢視你的目標

和你的目標脫鉤非常容易，你以為你在顛峰狀態設定的目標，一個激勵你、啟發你採取行動的目標，不需要再進一步反思，但即使是最能激勵你的計畫，生活也有辦法使「目標衰變」。

你的「創造早晨奇蹟」是最適合用來檢討你的目標的時刻，這是最容易找到你的顛峰狀態，以及你和為你的目標帶來動力的原始靈感接觸的時刻，而且它通常是我們最樂觀的時候。

我不會每天檢討我的大目標，但我喜歡每週至少一次檢討我的飛航計畫。這是一個重訪我的靈感、檢視我的方向與進度，以及再確認我是否仍然遵循一條引導我走向我想要的人生道路的機會。

4. 獎勵自己

不是每個目標都能激勵它自己，老實說，我一年二百四十次的體能訓練不會激勵我，但為了去我想去的地方，我知道我必須照顧我的身體，所以我接受體能訓練。對我來說，這些鍛鍊是油箱裡的汽油。

然而，無論是什麼目標，我發現這兩個R開頭的字——獎勵（reward）與再充電（recharge）——都是有利的，它們能協助我維持有目的的高標能量去實現我的計畫。

獎勵是封閉目標迴路，使它更有效率的一種重要方式。你不一定要搭私人飛機飛到波拉波拉島來獎勵自己；你可以開車到最近的國家公園烤棉花糖。但我認為你需要獎勵，一根胡蘿蔔不但能使你繼續往前走，還能讓你知道你已完成某件事。只是一味繼續往前走而不獎勵自己，對我來說，無疑是對我的潛意識傳遞一個信息，告訴我：做這些工作都沒有真正的理由。當你說你負擔不起一趟假期時，考慮一下，也許你正在告訴你的潛意識：你不需要再賺錢了，因為你無論如何都不會去度假。

獎勵也可以用來協助你再充電，如果你像對待一匹馬那樣對待你的身體與心靈，用鞭子鞭策牠更努力工作，這匹馬最後會倒下去，你的心靈最終也會枯竭。要善待你的「馬」，好好餵養它，可以的話，帶它去好好度個假。這樣它才能為你在人生的競賽中好好表現。（而且，別忘了反之亦然：過度餵養你的馬，以不合適的東西獎勵它，它會變得又肥又遲鈍！）

我會嘗試每一季都帶家人出去度假，度假不一定要轟轟烈烈或奢華享受——你可以在國家公園來個小小的健行。但重要的是要度假，我發現休息的結果讓我更有效率，並且賺更多錢，而不是減少。

你要用強烈的體驗獎勵自己，這些體驗會回報你，帶給你新的想法、資源、能力，並讓你感覺有更大的可能性。

✔ 推動財富的計畫

目標是目的地，它們是你想要到達的地方。它們可以改變，可以激勵，而且是生活檔案，但它們仍然只是你想去的地方，不是你現在所處的地方。

為了達成你的目標，你需要計畫。

目標有多少，計畫的方式就有多少，你應該以適合你的方式擬定計畫，但這裡有幾個計畫拼圖中的要件，最有可能引導你邁向成功。

1. 永遠要踏出一小步

正如地圖不會顯示你在旅途中將遇到的一切一樣，計畫也不包含你必須採取的每一個步驟，但這裡有一點很重要：它就是下一步。

這是我所知道繼續推展你的計畫的最佳技巧之一，永遠要踏出下一步，無論它是多麼小的一步，當我被困在一個計畫中動彈不得時，幾乎總是因為我的下一步行動不明確，或我對它有點畏懼。但無論什麼情況，盡可能寫出最小的下一步行動，問題通常都能迎刃而解。

有時，這一小步就像「請教一個朋友」那麼簡單；有時它是查一個電話號碼。但它永遠不會讓你失望：跨出一小步，你就會發現自己進入行動模式。

2. 預測障礙

創造財富沒有完美的路徑，你會遇到問題、障礙，及艱難的決策點，預先想到這一點，你才能作好心理準備。

現金短缺或經濟蕭條這類障礙比較容易考慮到，雖然預防這些障礙十分重要，但要記住，障礙並非總是外在的，你要更留意內在的障礙。

- 什麼習慣可能阻撓你？
- 什麼恐懼可能使你裹足不前？
- 你缺少什麼技能、經驗或見解？

你可能面對哪些最顯而易見的問題？逐條列出最可能發生的內在與外在的障礙，然後利用你的「創造早晨奇蹟」去思索你如何克服它們。

3. 重新評估計畫

有句話說：「沒有一個作戰計畫在與敵人接觸之後仍維持不變。」換句話說，你的計畫一旦用在現實世界，它們往往會改變。這並不表示這些計畫不重要，但它確實意味著你必須將它們視為一張會經常改變路徑的地圖。

這就是早晨的亮點。和你的目標一樣，早晨也是你以清晰與冷靜的頭腦重新評估你的計畫的完美時機，這是你可以用最好的視角和創意去檢討你的計畫、因應改變的時候。

什麼樣的計畫

計畫不是目標，也不只是待辦事項清單，它們是你想從甲地到乙地——從你現在的人生到你想要擁有的富足人生的路徑圖。

讓我們舉個例，你是一個想要成為百萬富翁的房地產仲介，你可能會有什麼樣的計畫？

最簡單的計畫可能是：

1. 盡我所能成為最好的房地產仲介，以賺取大量佣金。
2. 從這些佣金撥出百分之三十，成立一筆基金去購買租賃物業。

- 購買一筆投資物業
- 有效管理該物業
- 利用該物業再去買另一筆物業
- 逐漸積累到十筆租賃物業
- 將它們全部出售
- 成為百萬富翁！

這是一個可行、可重複的成為百萬富翁的計畫，很多人都這樣做，而且可以一再複製。

但它沒有提到的是這一路上的每一個可行的項目，前面的每一個步驟都包含許多其他工作，雖然你無法知道它們的全部，但你可以知道下一步也許是什麼。例如：

1. 盡我所能成為最好的房地產仲介，賺取大量佣金。下一步：請一位教練。

2. 從這些佣金撥出百分之三十，成立一筆基金去購買租賃物業。下一步：為這筆基金另外開一個銀行帳戶。

3. 購買一筆投資物業。下一步：和我的銀行洽談，評估財務和條件。

4. 有效管理該物業。下一步：找五家出租管理公司面談。

這些步驟都不是特別艱鉅、令人望而生畏的行動，但對於我們虛構的房地產仲介而言，它們都是基本的，不可或缺。每一天都會有新的下一步，但整體計畫多少都一樣。

我們也可以為建築工人、老師或會計師擬出一個相似的計畫，不同的是其中的細節。建築工人也許專注在需要修繕的房屋；老師也許是在春天找一間房屋，等學校放假時他們可以自己整修後準備出租；會計師也許可以從銀行以外的地方找到其他資金來源。

計畫的力量不在於知道一切，而是在於知道方向、知道你的理想路線，以及知道如何跨出下一步好抵達目的地。

✓現在與將來

飛航計畫基本上與未來有關。它們逐步引導你，告訴你下一步往哪裡走、為什麼，以及接下來的步驟可能會到哪裡，一個好的飛航計畫會告訴你該飛向何方，飛多快，以及如何到達目的地。

但重要的是，要記住還有現在，現在就是你目前所過的生活，為它找出時間才是明智之舉，我見過太多百萬富翁否定他們的現在，以致危害到他們的人際關係、他們的健康，和他們的幸福。

我喜歡問人們一個問題：「你的人生中有什麼是你一直想做卻總是延後的事？」我聽過許多答案，包括：

- 「我想去義大利旅遊。」
- 「我想回去探望我的祖先的家鄉。」
- 「我想讓身材變好。」
- 「我想學烹飪。」

我會再問：「你打算什麼時候去做這件事？」

同樣地，我會聽到各式各樣的答案：

- 「等我經濟負擔得起時。」
- 「等我有空時。」
- 「等我退休。」
- 「等孩子們都長大離家時。」

這兩個問題最令人驚訝的是什麼？第一個問題的答案是興奮與充滿希望。第二個問題的答案從長遠看，往往是悲慘的。

目標關係著未來，但不要犯下一個錯誤，把一切都推遲到遙遠的將來某一天，等你有空、有錢、有健康時，因為這一天可能永遠不會到來。

設定目標，擬定計畫，成為最好的你，創造你渴望的財富，但是不要忘記，你還有充滿希望的現在。

百萬富翁的早晨

歐普拉．溫芙蕾（Oprah Winfrey）每天早晨醒來會先靜坐二十分鐘，她表示，靜坐使她充滿「希望、滿足感和深深的喜悅」。

接著，她在跑步機上運動讓她的心跳加速，溫芙蕾信誓旦旦地說，至少十五分鐘的運動可以提高她的工作效率並增強活力。

接下來，溫芙蕾會去散步、聽音樂，或準備一餐美食來調適自己。最後，她以吃一頓富含碳水化合物、纖維質及蛋白質的健康早餐來結束早晨的作息。

——布萊恩．亞當斯（Bryan Adams），線上公司（Inc.Online）

第七章

第四堂課：成為超人

槓桿作用創造財富的力量

一味忙碌是不夠的……螞蟻也很忙碌。問題是：我們都忙些什麼？

——亨利．大衛．梭羅（Henry David Thoreau）

我在三十歲出頭時，有一天醒來發現我的胸口上出現一片奇怪的紅疹子，從鏡子看，它看起來好像有人在我睡覺時將有毒的野葛塗抹在我的身上——一長條鮮紅的顏色橫跨在我的胸部一側，上面長滿水泡。

但是和有毒的野葛不一樣，這些紅疹子會痛、非常痛。我不知道那是什麼，但它痛到我無法專心工作，於是我去看醫生。

醫生看了一眼，往後一靠，說：「帶狀皰疹。」

「帶狀皰疹？」我說。

「是的，帶狀皰疹。」

他解釋，帶狀皰疹是水痘的病毒復發引起的。和許多人一樣，我小時候也長過水痘。

「奇怪的是，」他說，「通常五、六十歲以後才會看到這個，它好發在年長者，或者體弱多病，或承受極大壓力的人身上。老實說，我不懂為什麼你會長帶狀皰疹。」

我懂。

當時我在達拉斯經營房地產買賣，我已經拿到四個特許經營權，正在全速前進，努力打拚，工作非常辛苦。

那時候，我以為努力工作是擁有一切……財富、事業、成功的秘訣，我的策略是不斷增加工作時數以完成所有工作。

而且，有很多事要做。

我親身參與每一件事情，從買辦公室設備和組裝小隔間，到管理資金、招聘員工和修理電腦，任何事我都插一手。我在這個過程中一直忙個不停，而這個痛苦不堪的帶狀皰疹是一記警鐘，我得了一種比我年長數十歲，或罹患癌症或愛滋病的患者才會有的疾病。顯然，我需要改變。

財富ABC

大約在我得帶狀皰疹的同一時間，我參加一項座談會，認識了一位淨資產幾乎多達十億美元的億萬富翁。我們交談時，我一邊快速做心算，我知道自己現在努力賺的錢只及他的財富的一小部分，我試著想像我需要多麼努力工作才能賺到十億美元，我要怎麼做才能達成那個目標？他又為什麼不會得帶狀皰疹？

我問他：「怎麼可能把所有事情都做好？和你相比，我的生意微不足道，而且每一天都在落後。」

「我的成功秘訣很簡單，」他告訴我，「每天早上，我把當天必須做的最重要的七件事寫下來。」

最重要的七件事，我心想，好。

「然後，」他繼續說，「我做前三項。」

「就這樣？」

「就這樣，」他說，「這是我的成功秘訣。」

我目送他心滿意足地走開，一隻手摸著身上帶狀皰疹留下的結痂。

回到辦公室後我開始改變。在此之前，我只是按照我寫下的待辦事項順序努力去做，現在我開始為每件事分派優先次序，我把所有待辦事項分成A、B或C等級，A事項最優先，C事項最後面。

然後呢？

我只做A事項。

A事項即使是最困難的事，或我不想做的事，我還是得做，我知道A是我的事業中最重要的事，如果億萬富翁這麼做，我也要這麼做，二話不說。

這是一個啟示。然後，有兩件事幾乎立即發生了。

首先，而且意想不到地，我開始有大量的娛樂。在此之前，我每天醒來都有做不完的工作，其中大部分似乎都在阻礙我想做的事。現在，我開始期待一天的來臨，因為我知道我的時間會花在最有價值的事物上。

其次，我開始獲得更好的結果，許多事情開始發生。把我的時間專注在最重要的事項上，我能完成更多，如果我把這一天花在修理電腦和組裝辦公室的小隔間，我的事業不可能成長。事實上還會萎縮。但是，如果我把相同時數專注在A事項上，譬如發展事業和招募員工，情況就會大大改善。

✔超越優先次序

將那位億萬富翁教我的，明確標示「優先次序」或「時間管理」是一件很容易的事，而且在技術上，這種標示也是正確的。把最重要到最不重要的事項按照次序標示出來，是最基本的時間管理與生產力原則，和這個主題有關的書籍或研討會都會有不同形式的討論。

但「確認你的優先次序」不會反映實際發生的情況，它沒有解釋為什麼優先次序能發揮作用，為什麼僅僅改變我所做的事情的順序就能改變這麼多結果？

那位億萬富翁對我透露的是每一個想致富的人都必須學會的課題，有些人早就輕鬆學會了；其他人好比我，卻只得到帶狀皰疹。但無論你什麼時候學會或如何學會，它都是同樣地課題：想要變得富裕，你需要學習從你現有的資源中獲得更多。

要理解這個課題，我們必須回到兩千多年前，希臘數學家與發明家阿基米德。據報導，阿基米德聲稱：給他一支夠長的槓桿和一個立足點，他就能移動整個地球。阿基米德說的是物理學的槓桿，但他的槓桿原理可以廣泛應用，它說明了為何當我開始優先排序我的時間時，我發現在相同的時間或更少的時間內，它對我的業務帶來更大的影響。我不只是運用我的時間；我在利用它達到更好的效果。

槓桿作用是用相同或更少的力量（投資）做更多事。當你利用一支長竿移動一個重物時，你用同樣地力氣可以抬起更重的東西，當我更有目的地利用我的時間時，我會完成更多事情。我把我的時間用在最重要的事項上，這意味著時間能帶來更多成效，投入同樣地時間，得到更多的結果。以我的事業而言，得到更多就表示銷售與財務增加。

✓百萬富翁的數學

我們每天都有用來投入工作的資源。我們每個人都有時間、金錢、精力和物質資產，我們可以利用這些資源去創造價值與財富。

譬如，當你用你的時間工作時，你是在以時間這個資源去賺取收入，當你將你的錢存入銀行帳戶時，你是在以金錢這個資源換取（極）少量的利息。

百萬富翁也有資源，他們和每個人一樣，有時間、金錢、精力和資產，但他們用不同的眼光看這些東西。

非富裕的想法：

- 「如果我繼續存錢，也許會增加我的財富。」
- 「如果我一天能多出幾個小時，也許我能做更多事。」
- 「如果我多花點時間工作，也許我可以有更多收入。」

這些都是真實的，但程度有限，大多數人都以加法的眼光看世界——投入更多，就會獲得一定比例的數量。但富人用不同的眼光看世界，他們知道加法：增加一天的時間，或增加帳戶內的存款，只是：加法。百萬富翁不喜歡加法，他們喜歡乘法，他們喜歡槓桿作用，他們希望他們在時間、精力、金錢和其他資產上的投資成倍數成長，而不是成直線增加。

我與這位億萬富翁的會面，讓我學到第一種形式的槓桿作用：乘以我的時間。我一直在增加我的工作量，直到最終在壓力下屈服，他則是有策略地增加正確的東西，使他的時間帶來更大的價值。每一天，我都嘗試做更多事情，而他只做三件最重要的事。多年來，他每天都以乘法在努力，而我只是以加法在努力，這種加法的數學對我太不利了。

一旦我把他的忠告謹記在心後，我發現我可以藉由改變「利用時間的方式」來增加努力，我的時間突然變得更有價值，我以乘法取代加法來增加我的時間的影響力。

從帶狀皰疹到槓桿作用，這段旅程並不容易，但它產生強大的力量，誠如有個人在我開始進入後帶狀皰疹轉變期時告訴我的一句話：「你就像從克拉克肯特轉變成**超人**一樣。」

我當然不完美，我也不是**超人**，但是當你發現槓桿作用的魔法時，你真的會有那種感覺。

當然，你可能已經猜到這個不慌不忙的優先排序計畫的圈套：只做A事項的副作用。

不久之後，那些被歸類到B和C的小事開始累積，我的家亂七八糟，因為我已停止做家事這類屬於C的工作。我的業務成長，但我的個人財務一團混亂，因為我不去繳帳單，不是因為我沒錢，而是繳帳單不屬於A事項，不在我的善用時間之列。

一切似乎都很順利，直到我的電力被切斷，我的信用卡因遲繳被罰款，或者公司變得髒亂不堪，電腦故障，因為我沒有修理，以致辦公室作業遲緩，效率不彰。

這時我才意識到，我必須利用更多我自己以外的時間，我已到了利用自己時間的極限，我需要協助。

財富是一項團隊運動

首先，我請了一位出納，接著一位助理，我的四周多了一些人來處理不會浪費到我最寶貴的時間的事務，我召集一個團隊，學會另一種形式的槓桿作用：透過其他人，而不是只靠我自己一個人，使價值成倍數成長。

如果你調查那些白手起家的百萬富翁，你會發現很多人都不是獨自一個人創造出他的財富，很少人這樣。科技為我們提供一些幾十年前還沒有問世的卓越工具，但在大多數情況下，大量的財富創造是一項團隊運動。

千萬富翁都知道，要靠自己單獨創造數百萬美元的財富非常困難，他們知道他們必須建立一個團隊。

但不要傻傻的以為你必須匆匆忙忙開始把更多人列入薪資名單上。對你來說，這也許是現實，但不是每一個人都必須走這條通往財富的道路。

你的團隊可以有很多種形式，你也許有不是經常合作的承包商和顧問為你做特定的事。一個小企業主可能會有支付佣金的銷售代理，或者供應產品或材料的供應商，他們可能有個虛擬助手來預約他們的行程和約會。一個房地產投資者，可能會有一個值得信賴的技工網絡，來管理出租物業的維修工作。

你不一定要建立一支全職員工團隊來增強你的槓桿作用，但是，如果你想增加你的財富，你確實需要建立一支團隊。

✓ 槓桿作用為何重要

一般人都認為獲得財富最重要的方法就是工作。

他們的觀念只有一部分是正確的，沒有一個百萬富翁會認為你應該坐在家裡癡癡地等待財富從天上掉下來。如果你選擇財富，你同時也要選擇投入時間與精力——亦即你所謂的「工作」，去實現這個抉擇。

但這裡有個重大的區別：工作的重要性不如槓桿作用。

怎麼不是呢？畢竟，有許多人（如果不是大多數）用數十年的歲月在工作，大多數成年人在中年時期每週工時大約是四十小時，但只有一小部分人成為百萬富翁。如果工作是獲得財富的最重要策略，我們都是有錢人了。

但我們不是，我們甚至連邊都沾不上。我們絕大多數人都很窮，或者充其量財務還算過得去。

工作必須要有另一個因素，這個因素就是槓桿作用。

你**如何**利用你的時間、你的金錢、你的精力和你的才能是決定財富的因素。因為很重要，所以再重複一遍：你如何利用你的時間、你的金錢、你的精力和你的才能是決定財富的因素。

不是工作。

人人都在工作，差別是槓桿作用：你如何善用你的時間、你的金錢、你的精力和你的才能，使你在工作上的努力成倍數增長。

舉個例，一個房地產仲介可能一輩子都在銷售房屋，每賣出一戶就增加他的財富，他一輩子都可以這樣過，然後謹慎地把現金存起來，為將來省吃儉用的退休生活做準備。他們吸引的客戶越多，客源就越多，一段時間後他們就能賣出更多房地產，並增加工作時數以賺取更多收入。然後，到了某一點上，他們達到他們所能完成的目標上限。

和一個購買房地產然後將它出租的人兩相比較，後者的每一戶房產代表每個月的現金收入，但他不需要那麼拚命工作。他的時間與金錢是以倍數成長，收入沒有上限。

同樣地市場，財富前景卻迥然不同，它們的差異就在槓桿作用。同樣地，為企業工作的人幾乎沒有可利用的機會，反之，創業的人則有無限可能。

✓學習：最長的槓桿

事過境遷之後，我常想那個帶狀皰疹是否拯救了我，如果我持續長時間賣力工作，可能早早就進了墳墓，或者至少摧毀我的健康和我與家人的關係。

我越是學習如何利用槓桿原理，就越能透過那個鏡頭看到世界，彷彿是用超級X光的視角去看世界，我看穿加法的表面世界，進入更深層的槓桿作用與乘法的世界。

我開始看到，大多數人如何了解槓桿作用並開始利用它，它有一個自然的進程。在事業上，你往往是白手起家，起初你一個人做全部的工作，等你越來越忙碌時，你很快就會發現，如果你想完成每一件事，你必須善用你的時間。把你的時間花在不會產生重大結果的事情上，例如：整理檔案，你會被困在加法中，而不是乘法。更糟的是，你可能被困在減法的陷阱中而動彈不得。

然而，當你發現你實在忙不過來時，你明白你需要協助，但你無法放棄那些B與C的芝麻小事，像我以前那樣，卻又期待你的事業上軌道。這時你會開始增加人手，你會利用他們的時間完成更多事情——並在理想的情況下，使這些事能做得比你自己做得更好。

當你的財富開始增加時，你意識到金錢、時間和人力一樣，也是你能利用的資源。想要倍數成長，你也需要善用金錢，它需要動起來。

有錢人了解這一點，他們知道錢放在存款帳戶或咖啡罐或床墊底下成不了大事，他們知道要使他們的財富成倍數增加，他們必須善用時間、人力和金錢。

有一種槓桿作用可以穿越這些乘法形式，我稱它為「主槓桿」，你現在就能得到，你不需要找員工來工作，也不需要現金投資，你只需要一個人人都有的東西：學習能力。

學習是主要的乘數，你學會的每一樣東西，你會一遍又一遍應用，它就像一塊錢可以一次又一次花用一樣，學習是人生的金鵝，只要你滋養它，它會一直產生效益。

這就是早晨的真正價值，在那個平和的安靜時刻，當世界仍在沉睡時，你完全掌握一切，那是你可以學習的時刻，也是你滋養金鵝、牽引最長的槓桿的時刻。

那是你找到你的超能力的時刻。

百萬富翁的早晨

我每隔一天會運動一小時，從我的家慢跑到辦公室。在辦公室，我審查前一天晚上寫下的待辦事項清單，找出必須優先處理的事項，然後先把它們完成。一天很快就過去了，這樣做能確保最重要的事先完成。

——芭芭拉．柯克蘭（Barbara Corcoran），柯克蘭集團（Corcoran Group）創辦人，電視節目「鯊魚幫」（Shark Tank）投資者。

第八章

第五堂課：啄木鳥效應
什麼時候堅持與什麼時候退出

一隻啄木鳥可以在一千棵樹上各啄二十下仍一無所獲，白忙一場。或者，牠也可以只在一棵樹上啄兩千下後吃到晚餐。

——賽斯．高汀（Seth Godin），《低谷》（The Dip）作者

認識很多百萬富翁有許多好處，其中有些也許只能靠想像——得以接近有價值的網絡、豐富的經驗、資金。但我最喜愛的是，我可以和他們交談他們如何成為百萬富翁。

能夠請教他們如何實現他們的目標是個極難得的禮物，這才是真正的好處，而且它不只限於財富，如果你認識一個了不起的家長、一個體格健壯的人，或一個不平凡的朋友，這才是真正的禮物——一個你沒有打開的禮物。這種關係讓你有機會去了解他們是如何做到的，如果你想在與財富有關的任何領域取得成功，先從這裡下手。在

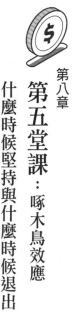

你從事的行業中完成你想達到的成就的人，是你最好的資訊來源，不要錯過他們。

談到財富，我最喜歡請教我遇到的百萬富翁一個問題：哪三件事最能幫助你成為百萬富翁？

答案意外地多樣化，百萬富翁告訴我的事情不外是：

- 「我看到機會。」
- 「我擅長利用他人。」
- 「我在金融界長袖善舞。」
- 「我是個頂尖的營業員。」

或者，當我逮到他們脆弱、打開心房的一刻時，他們會提出一些不同的、更貼近內心的答案：

- 「我被驅策成為孩子們的榜樣。」
- 「我的父母破產，我怕死了貧窮。」
- 「我是個工作狂。」
- 「我只是運氣好。」

這些原因有些比其他的更積極，有些可能比其他的更有幫助，但無論哪種情況，我相信它們都是百萬富翁認為對他們最有幫助的誠實評估。

你可以從兩方面去理解。首先要考慮的是：你不需要完全複製他人，如果有人告訴你，他們成功的關鍵是精通財務，這並不表示財務專業知識會影響你未來的財富，你要走你自己的路，你有你的優勢，你有你自己的人生。學習他人的成功之道是明智的，但更明智的是知道如何抉擇對你最好的東西。

第二點要考慮的比較有意思，在我得到的有關「百萬富翁問題」的數百個答案中，永遠都有一個答案：「我從不放棄。」

這個答案有各種不同的形式，我聽到的從「我堅持到底」，到「我不知道我還能做什麼，所以只好一直做下去。」但我發現每一個百萬富翁的故事都有一個核心概念，我認為這個概念比其他一切更重要，它就是：堅持不懈。

啄木鳥困境

堅持不懈不是一個新概念。它的核心是：在面對逆境時要秉持毅力繼續堅持下去。從新手父母到馬拉松跑者，每一個人都需要堅持不懈，但在創造財富方面，堅持不懈比大多數人所意識到的更細微。

我見過的每一個有錢人都會堅持做某一件事，而且往往經歷過極為艱難的時期，無論你選擇什麼通往財富的路徑，如果世上的百萬富翁都是對的，你也要做同樣地事。堅持不懈不是一個選項。

你可以稱之為毅力，或韌性，或一般人所說的不放棄，但它的本質是相同的：當你遇到困境時，困境會使你勇往直前，或者如同邱吉爾所說：「如果你發現你正走過地獄，那就繼續往前走。」

這個建議有兩個問題。首先，你到底要如何走下去？畢竟，我們放棄的原因通常都是它們十分艱難，如果很容易就能得到財富，沒有人會退出，人人都能成為百萬富翁。這個言簡意賅的「堅持下去」建議，似乎少了點什麼。

第二個問題是：有時退出是正確的事。事實上，雖然堅持不懈不是選項，但我可以告訴你，從我對百萬富翁的研究中，我發現退出也不是選項，你不能一直經營一個虧損的生意卻仍期待變得富有，你不能在投資上得到負收入或勉強打平，卻仍期待成為千萬富翁。有時，你不得不放棄。

這就是我所謂的啄木鳥困境，一隻啄木鳥可以在同一個地方連續啄好幾個小時而一無所獲，或者牠可以找到晚餐維持生命，等第二天再啄，這隻啄木鳥的問題是必須知道什麼時候繼續堅持牠在啄的那一棵樹，以及什麼時候應該放棄，換另一棵樹。

換句話說，牠應該退出，還是加倍堅持下去？

創造財富也一樣；最終還是要知道選擇哪一個，以及什麼時候選擇，堅持不懈是

她的臉蛋、她的身體，他早就不復記憶，
然而他已經保存了她最美好的部分——她的香氣。

香水【徐四金70誕辰紀念日】

徐四金——著

譯成55種語文版本，全球銷量突破2000萬冊！
改編同名電影和Netflix影集，
18位文化界名家共香盛舉推薦！

在嗅覺天才葛奴乙腦中分門別類的氣味王國裡，他主宰所有的氣味，但自己的身上卻沒有任何味道。葛奴乙的感情同樣無色無味，他從來不曉得情為何物，直到那天一陣香氣鑽進鼻腔。當他嗅到牆後紅髮少女含苞待放的清香，既沒有愛過人，也不被人所愛的葛奴乙，竟親身體會到戀愛的幸福。這令人為之瘋狂的香氣，他要一絲不漏地據為己有。他要像從她身上剝下一層皮那樣，確確實實地把她變作一支專屬於自己的香水，一件氣味王國裡永恆的收藏……

HAPPY READING 讀樂 2020.03
皇冠文化集團 www.crown.com.tw

連續3年高踞「這本輕小說真厲害」
年度單行本TOP 1 & TOP 2！

小書痴的下剋上

第四部 貴族院的自稱圖書委員 III

香月美夜——著　椎名優——繪

隔了好一段時間，羅潔梅茵終於再度回到神殿，但奉獻儀式、印刷事務、無數的會見和文件處理等神殿長的工作，讓她每天都忙碌不已。在一年級學期快要結束的時候，羅潔梅茵在貴族院舉辦了全領地的茶會，而高年級的領主候補生與近侍也即將舉行畢業儀式。為了領地的繁榮，羅潔梅茵的婚約開始受到討論。但她最擔心的，卻是即將與平民區的人們分離……

就算很困難，我也不放棄！

小書痴的下剋上

【漫畫版】第一部 沒有書，我就自己做！⑪

香月美夜——原作　鈴華——漫畫

下定決心在異世界自己動手做書的梅茵，第一步就從「造紙」開始！她先仿照古埃及人編織莎草紙，沒想到卻被令人頭昏眼花的編織方法給打敗。梅茵毫不氣餒，立刻決定轉換目標，學習製作美索不達米亞文明的黏土板。但黏土的材料卻藏在遙遠的森林裡，「就算很困難，我也不放棄！」身體虛弱的她，究竟能不能順利完成做書計畫呢？

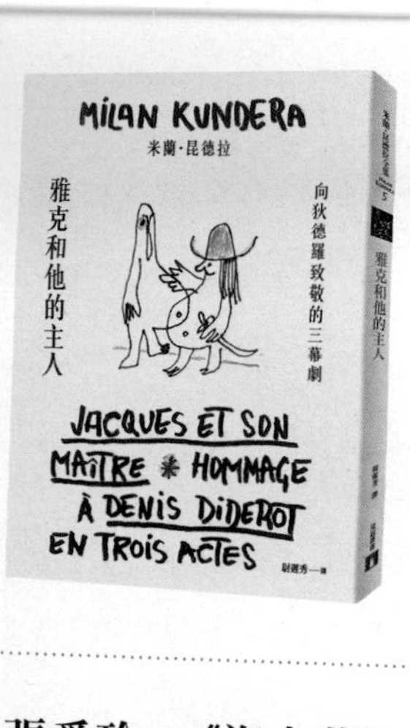

文壇大師米蘭・昆德拉唯一的舞台劇作品！

雅克和他的主人【50週年紀念版】

米蘭・昆德拉——著

《雅克和他的主人》的故事從主僕兩人的漫遊之旅展開，一路上他們談論宗教、階級、道德、男女，但走著走著，卻跨越了「第四面牆」，開始抱怨起劇作家「昆德拉」，甚至與觀眾直接對話。這趟旅程既幽默又荒誕，昆德拉除了表達出對自由的嚮往，嘲諷自己的作品在祖國被禁的殘酷現實，更透過文學創作的「遊戲性」，揭櫫了人類生命中不可迴避的悲劇本質。

張愛玲：《海上花》是最好的寫實的作品。
我常常替它不平，總覺得它應當是世界名著。

海上花開【張愛玲百歲誕辰紀念版】

張愛玲——著

清末的上海，是金錢與情欲交織的魔都，在租界一隅的娼館「長三書寓」裡上演的諸般情節，看似光怪陸離，其實都是浮世眾生相的隱喻。張愛玲以精準的文字完美還原清代才子韓子雲的吳語章回小說《海上花列傳》，更針對晚清服飾和風俗文化做了詳盡的詮釋。本書不僅是張愛玲對於近代文學史的重大貢獻，更是一代經典傑作的浴火重生。

當你還在被窩裡時，成功的人都在做什麼？

有錢人的煉金方「晨」式

把握起床後的黃金1小時，讓財富翻倍！

哈爾・埃爾羅德、大衛・奧斯本、昂諾莉・寇德——著

世界知名頂尖成功教練×百億房地產富豪，傾囊分享有錢人的致富之道和致勝秘訣！

為什麼「早起」這麼重要？因為早起可以提升我們的活力，幫助我們做出關鍵的決策和穩定的規畫，增加生產力和收入。每個人都想要變有錢，關鍵在你的「選擇」。你可以選擇繼續賴床，你也可以選擇把握起床後的「黃金1小時」，學習用有錢人的思考來累積財富、擬定策略、利用資源，進而改變自己！書中並提供了邁向財富之路的3個個人成長練習，只要按部就班去做，你會發現「早起」完全沒有門檻，也無需成本，你的每分努力都將化為「晨就」的甜美果實！

榮獲2019年「日本食譜大賞」！

世界第一美味の懶人料理法100道

好餓的灰熊——著

日本Amazon書店排行榜No.1！狂銷40萬本！讀者5顆星敲碗好評！

烹飪菜鳥、忙得沒時間下廚的人必備的最實用食譜，省略多餘步驟，順序一目了然，不管誰來做，都能百分百成功！即使偷懶，做出來也一樣好吃！沒有難找的食材和調味料，不需要花長時間烹煮，平底鍋、微波爐、小烤箱，就讓能簡單食材變身超美味料理！全世界最簡單的日式紅燒肉、令人無法招架的乾拌麵、終極美味馬鈴薯沙拉、讓你白飯一碗接一碗的油淋雞、超市便宜肉變身極致牛排、王道鬆軟滑嫩的親子丼……100道菜色，讓你的味蕾一整天都輕鬆滿足！

人生，就是要堂堂正正的厚・臉・皮！

你真的不必討好所有人

獻給容易受傷的你的「厚臉皮學」

枡野俊明——著

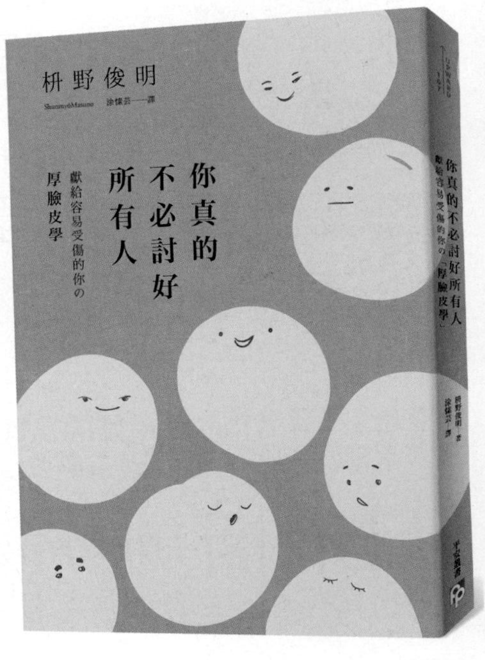

日本Amazon書店暢銷排行榜第1名！
「世界最尊敬的100位日本人」、
《你所煩惱的事，有九成都不會發生》作者，
教你活出輕鬆自在的人生！

你是不是總是非常在意旁人的眼光，很容易就會被別人的一句話、一個小動作影響？其實這都不是你的錯，你只是不夠「厚臉皮」！「厚臉皮」並不是忝不知恥，而是心靈的強度。要學會厚臉皮，就要先傾聽自己「內心的聲音」，明白與他人的比較沒有意義，用「謝謝」婉拒善意的多管閒事，並且不再沒頭沒腦地一味自責，而是做「重點式反省」就好。你真的不必討好所有人，更不必在意別人怎麼看你。試著讓臉皮厚一點，堅持做最真實的自己，就能活得更從容、更自在！

必須的，退出也是必須的，那麼你怎樣才知道什麼時候選擇哪一個？像啄木鳥那樣，你如何決定是否應該轉移到其他的樹？

且讓我們先來解決第一個問題——什麼時候需要堅持。人們過早退出的三大主因：犯錯、恐懼和惰性。然後我們再來看如何知道什麼時候應該退出，並轉移到更青翠的草原，或者像啄木鳥的例子，轉移到更好的樹上。

✔什麼時候「不要」退出

如同創造財富的方法無窮無盡一樣，退出的原因也無窮無盡。然而，並非所有退出的原因都有充分的理由，許多理由——也許是大多數是不當的，這些不當的理由可以歸納成三類。

退出的不當理由1：犯錯

大約在二〇〇六年，我的事業蒸蒸日上，房地產業蓬勃發展，我抓住這個契機，從一年開張一間辦公室增加到四間，太瘋狂了，我的銷售業務直線飆升。

當你搭上一輛這樣的快車時，要做的事多到無法想像，你想找人——雇用人手都來不及。你不斷尋覓各種人才，處理數不清的待辦事項和亟需解決的問題，在那種速度下，你必須作更龐雜與更迅速的決策，但你卻感覺時間與資訊越來越不足。

這種情況幾乎總會導致犯下錯誤。

以我而言，我犯的錯誤，是用錯人和租用超出我們實際需要的大辦公空間。當市場開始崩潰時，我被我們負擔不起的辦公室和人員所困，這些人被雇用來做事，但他們沒有能力完成工作。我走得太遠、太快，我不得不把兩間才新開張不久的辦公室關閉。

現代的商業精神中談到許多有關「快速失敗」的問題，雖然在情緒上的問題所言不虛，但它完全忽略了犯錯的結果有多麼可怕。

關閉這些辦公室對我而言尤其痛苦，我不得不毀約，我不得不承認失敗，我損失金錢。最糟的是，我不得不裁員——這些人都靠我給他們工作來養家活口，現在我將它奪走了。任何犯了這種錯誤還能宣稱他們不痛苦的人，要嘛沒有人性，要嘛就是說謊。錯誤，簡單來說，就是痛苦。

當然，事後看來，我可以用感激的心情來看這些經驗，它們確實帶給我一些重大的教訓，告訴我要找合適的人開展業務，並知道如何退出。但事發當時是痛苦的，它嚴重到讓我質疑我究竟在做什麼。

這是錯誤的危險所在，每一個錯誤不僅帶來犯錯的痛苦，還會帶來你可能沒有學到教訓的危機，或者它也許導致你在不該退出的時候退出。如果你為了一個錯誤而退出，你不僅錯過學習的經驗，將來也無法從這個經驗中得到益處；退出，就是……停止，裹足不前。

你無法避免每一個錯誤，但我發現，當錯誤發生時——一定會發生，我可以利用我的「創造早晨奇蹟」，從冷靜與透視的角度重新審視這個經驗。這時候我最能夠反省，並從中學習。

一般而言，這種反省是採取提問的形式——一種對錯誤的「屍體解剖」，我會在我的早晨作息的「書寫」部分深入檢討這個經驗：

- 這個錯誤意味著我不喜歡它嗎？
- 它意味著我不擅長這件事？
- 它意味著我的事業或計畫是錯誤的嗎？
- 我可以從這個錯誤中學到什麼？
- 我如何在未來避免犯同樣地錯誤？
- 如果再出現同樣地情況，我怎樣認出它？
- 我怎樣才能避免作同樣地決策？

通常，到了最後回答這些問題時，我對這些錯誤已有相當的了解：錯誤和致命的缺陷是兩回事。錯誤是教訓，它們不是退出的理由，而是讓它變得更好的理由。它們使你成為現在的你，而我從未見過一個百萬富翁不是在創造財富的過程中犯下許多錯誤。

退出的不當理由2：恐懼

「心」是一個忠誠的僕人，同時也是一個可怕的主人。

當你掌控你的心，你是你的心的主人時，你能完成許多不可思議的事。當你的心成為你的主人時，你會在擔心、焦慮和恐懼下屈服，這些不良的情緒會逐漸變成殺手。

創造財富也一樣。很久以前，我仍在為工作掙扎時，有個朋友告訴我：「你知道嗎，你已經就位、瞄準、就位、瞄準、就位、瞄準，就是沒有發射。」

他說得對，我過去經常為了被分析到癱瘓所苦，我會為行動和決定而感到苦惱，擔心我會犯錯（聽起來很熟悉吧？），或害怕我會被拒絕或失敗，這個朋友坦誠的一席話，幫助我看到我必須突破恐懼才能成長。

後來我發現，解決方法是：立即採取行動做你害怕做的事。

譬如，如果你今天必須做一件重要但很艱難或令你畏懼的事——例如，給不認識的顧客打一通突如其來的推銷電話，或者和一個因為你做錯事而對你感到憤怒的客戶通電話——我發現，不在車頭燈的照射下僵住不動的唯一方式就是盡快採取行動。一旦你開始思前想後，你就會成為你的心的奴役，這時候你會一籌莫展。不要想，做就對了。

當你問自己：「什麼是發展我的業務的最佳方式？」答案是：「打電話給可能性最高的客戶」時，那就去做。採取行動，不要想。你也許會感到焦慮，但仍要採取行動。

這樣做就是在培養面對恐懼與不確定性的情況下採取行動的技能——相信我，這是一種技能，而且是利用「創造早晨奇蹟」的完美時機來培養的技能。一個平靜的早晨，在你的掌控之下，你根據你的情況、你的節奏展開每一天，幾乎可以保證一定能減低你的恐懼與焦慮。這時候，你可以把你腦子裡那個焦慮或恐懼的聲音觀想成不真實的，它只是一個不斷侵入你的腦海的討厭鄰居。這個鄰居老是害我分心，害我生起放棄的念頭。現在，十有九次，我不去理會他。

不要把恐懼與焦慮和你正在做的增加財富的價值觀混為一談，你恐懼並不表示你在錯誤的軌道上；你焦慮也不表示你的事業會失敗，或你會陷入財務危機。有時，恐懼和焦慮正是推動你向前的徵兆，不是退出的徵兆。

退出的不當理由3：惰性

在面對恐懼時採取最大行動的人，即使他們有一半是錯誤的，也能擊敗那些從不採取行動的人，從不採取行動的人，幾乎都會因為一個重要的原因而退出：缺乏動力。

當你開始做一件大規模、令人生畏的重要事情時，你會先去看它的結果。一段時間之後，你會開始建立證據，證明大膽行動會帶來什麼結果——在財務上和個人方面。

正是這種「良性循環」說明了為什麼賺進，以及虧損數百萬元的人往往再度成為百萬富翁。他們握有證據和經驗，知道大膽、有目的的行動會帶來什麼結果，如果他們犯了錯誤，他們也會知道以後要修正過來。

有時，特別是那些第一次創造財富的人——連續犯錯或缺乏進展會成為一種「惡性循環」。你越沒有進展就越失去信心，然後越焦慮，你越焦慮就越不會採取行動，然後在不知不覺中完全停滯不前。

如果你是這種人，要知道你並不孤單，動力和能量會隨著生命逐漸消蝕和流走，它的秘訣是要將消蝕減到最低，不要把它們視為你應該退出的直接徵兆。

我利用早晨時光做為維持我的動力的工具：

- **審視目標**：有時我們會因為偏移目標而失去動力，聽起來很簡單，但是你會很驚訝，在不知不覺中偏離你的目標是多麼容易的事。我每週一次利用我的早晨作息時間審視我的目標。例如，我有一個目標是一年要運動兩百四十次。如果不去審視我的目標和檢查我的進度，我幾乎一定會脫軌。此外，我在審查我的目標時，它也會提醒我當初是什麼激勵我去設定這些目標。
- **維持健康和體能**：如果沒有體力，你很難維持你的動力，每天都要吃得健康營養，每天都要活動。利用你的「創造早晨奇蹟」作息來創造動力。不要墮入陷阱，以為早一點起床會令你身心疲憊，你的早晨時光是讓你去做與它的結果相反地一個工具！請參閱〈第十一章：不那麼明顯的百萬富翁原則2：策劃能量〉，了解更多策劃你的能量與恢復動力的方法。
- **管理我的環境**：能量不僅來自身體內部，最能影響你的能量的莫過於你四周的人。你的良師益友、員工、父母、同事，及顧客。他們都能影響你的能量，從而影響你的動力，使你的動力呈螺旋狀上升或下降。你必須把你的人際關係視為一座花園，培育你喜愛的，修剪那些會減損你的生活與動力的東西，必要時，可以向「創造早晨奇蹟社群」求助。它是能夠持續支持你、真正協助你、真正建立動力的一個重要來源。當你有疑問的時候呢？擁抱你心愛的人，那是一個一直都在等待你的能量來源！

什麼時候該退出

二〇〇六年我開始創業，結果虧損了一百萬美元。那是一所專收新移民的英語學校，我以為這是一個很好的點子，是獨一無二的市場，我非常興奮。

但其中有兩個問題，第一個問題是時機不對（後見之明）——美國房市大跌後不久，無論生意做得多好，都有可能因為經濟不景氣而遇到困難。

更直接相關的問題是，我用錯人來管理這項業務，雖然我從我的帶狀皰疹經驗中，了解我無法每一件事都親力親為，但我沒有完全掌握雇用合適的人來做事的過程。我請了一個不適任的人，又沒有讓這個人負起應有的責任；結果，生意一落千丈。

等我知道後，我們不得不停業，我在這個坑內虧損了一百萬美元。

但在這個案例中，還有一個更深層的問題，我犯的錯不在於市場時機不對或用錯人的問題，而是我沒有退出。

我們一直以來都把焦點放在不要退出——如何繼續堅持你的創造財富的計畫。

但事實上，人們一直都把放棄某些事做為邁向財富的必要手段，你不太可能堅持你所做的每一件事，或者你的每一項計畫都能成功。有時，你必須減少你的損失。

以我為例，我曾經有個機會提早退出語言學校這個行業，在虧損了大約三十五萬美元後，在某一點上我有「相對」容易的機會退出這個市場，但是我沒有，相反地，我又加倍投資，我堅持下去，又挹注了六十五萬美元資金，不到幾個月後，結果寫在牆上，或者更正確地說，我讀到始終寫在牆面上的數字，於是我拔掉插頭。

賠了錢，也學到了教訓。

至少，我希望我學到了教訓，事過多年，我常想起那次損失，希望找出為什麼我沒有早一點退出的原因，以及我如何才能學會成為一個「更懂得什麼時候該退出的人」。

退出的演算法

《這才是我要的工作》（Born for This: How to Find the Work You Were Meant to Do）作者克里斯．蓋勒勃（Chris Guillebeau）以兩個簡單的問題來決定什麼時候退出，這是一個簡單但力量強大的工具，可以幫助你決定什麼時候該退出困難但重要的事情，譬如生意、人際關係和工作。

這兩個問題是：

1. 它能產生效果嗎？

2. 你仍喜歡它嗎？

1. 它能產生效果嗎？

以我們的情況，這個「它能產生效果嗎？」指的是財務問題。畢竟，這是一本有關財富的書，如果你的前進方向不能幫助你成為百萬富翁，這時候就應該退出。

你現在走的路徑，會在你希望的時間內帶來你想要的財富嗎？這是你需要問的問題，如果答案是否定的，這時候要麼必須改變，要麼就要完全退出。

但你選擇哪一個？

想知道答案，你必須問第二個問題。

2. 你仍喜歡它嗎？

生命中還有比金錢更重要的東西，一個大半生都在創造財富的人會告訴你：金錢不可能是唯一的東西。

而且，根據先前我們在〈第五章 第二堂課：你是百萬富翁〉中的討論，沒有簡單的方法可以將財富與情緒分開；長期做一件你討厭的工作，你決不可能成為一個成

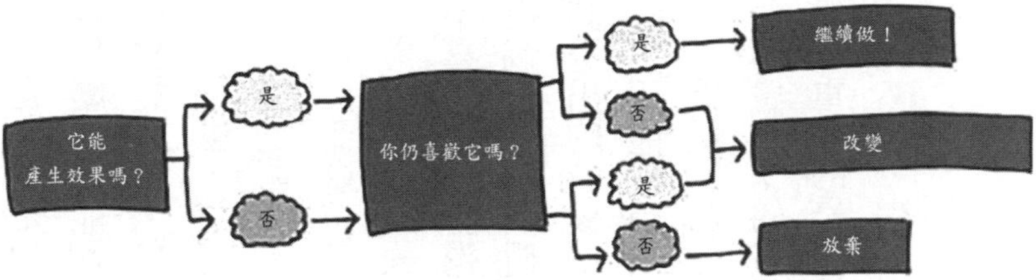

功的百萬富翁，所以我們必須把其他東西加入這個等式：你喜歡這個過程。

你仍喜歡這個工作嗎？這個行業、斜槓創業（副業）、投資過程？無論你做什麼創造財富的事，你喜歡它嗎？

如果把這兩個問題的答案用圖表來顯示，我們會得出以下的象限：

這是一種深邃的洞察力，你會注意到的第一件事，是你只有在一種情況下應該退出，就是當事情不能產生效果，而你又不喜歡它時。否則，你應該繼續堅持你的計畫，加倍努力，或者你應該改變。

讓我們回到租賃房地產的例子，如果你賠錢了，那麼就是它不能產生效果。但在你採取任何行動之前，先問自己：我仍喜歡它嗎？

如果答案是否定的，那麼這或許是你應該考慮退出的時候，但如果你喜歡持有房地產，那麼在你退出之前，你還有很多事情可以考量：你可以把它再抵押來降低成本嗎？提高租金？重新裝潢以增加它的價值，或者增收房客？

企業也是如此，一個短期內虧損的企業也許還能復甦。問你自己：「最好的結果是什麼？可能性最高的結果是什麼？最壞的結果是什麼？」你不想放棄你喜愛又可以補救的東西，但如果你不喜歡這個東西，或者它無法補救呢？

那麼，這時候就要做聰明的百萬富翁都做的事：**退出**。

但是切記，如同你可能因為一個錯誤的理由而退出一樣，你也可能因為一個錯誤的理由而堅持某件事，這裡有兩個最常見的應該退出而不退出的錯誤的理由：

沉沒成本誤謬，還記得這個吧？我們的大腦被設定在不喜歡損失。事實上，我們不喜歡損失勝過我們喜歡贏，這使我們執著於我們所擁有的（好比一筆虧損的生意或投資），使我們傾向繼續將我們的資源投入我們不該投入的事物——也就是在我們應該退出的時候卻仍繼續苦撐，記住：沉沒成本已經付出，一去不復返了，你再增加投資也不能取消它們。

畏懼。和畏懼可能驅使我們放棄我們應該堅持的東西一樣，反之亦然。畏懼失敗的感覺，或畏懼尷尬，都能使我們在不該堅持的事情上堅持得更久，畏懼沒有錯，重要的是要確認：什麼時候畏懼正在阻止你作出最好的決策，或採取最好的行動。

堅持／退出張力

這個遊戲不是你以為的那樣「永不放棄」，也不是「永遠減少你的損失」，它的解決方案更微妙，這是一條前進時必須在堅持與退出之間保持平衡的道路——為了實現你的計畫，你必須保持的一種「堅持／退出」的張力。

問題是要堅持或退出，這正是「創造早晨奇蹟」的亮點。

當你在忙碌的一天焦頭爛額時，很難作出是否應該堅持計畫的重大決策。你要麼無法思考如何抉擇，要麼無法作出明確與慎重的決定。

你的「創造早晨奇蹟」是你找到你需要的觀想空間的完美時機，這是你一天當中可以看到全局，並作出經過全盤考慮的決策的時候。

堅持不是創造財富的選項，有時你不得不堅持你的計畫，以度過艱鉅的障礙和艱困時期。

但退出也不是創造財富的選項，有時你不得不減少你的損失。

如果你想成為百萬富翁，你的工作就是去了解其中的差異。

百萬富翁的早晨

身兼 Twitter 與 Square 兩家公司執行長的傑克・多西（Jack Dorsey）每天早晨五點起床，先靜坐三十分鐘，做運動，然後才到他最喜愛的咖啡館吃早餐。

「早上五點起床，靜坐三十分鐘，做三次七分鐘的運動，煮咖啡，然後進辦公室，我的睡眠時間通常是晚上十一點至清晨五點。遮光窗簾有助於睡眠。起床後靜坐，然後運動！」

第九章

第六堂課：金錢

了解金錢衡量什麼

「如果我們支配財富，我們會富裕與自由。如果我們被財富支配，我們事實上是貧窮的。」

——埃德蒙．伯克（Edmund Burke）

你此刻也許正在納悶，是啊——這本談如何成為百萬富翁的書已堂堂進入〈第九章〉，但我們卻還沒有談到金錢。

這有個充分的理由。金錢，雖然在技術上，它是衡量你是否達到百萬富翁目標的絕對標準，但它也只是——一個衡量標準，它是一種尺度，金錢是一種計分方式，但在一般的情況下，分數只能告訴你這麼多遊戲的玩法。

反之，我們一直在討論的是確保你有某些東西去衡量的最重要的事——亦即能讓你得分的東西，它們才是創造財富的基本課程。

- 積極選擇積聚財富
- 為你的人生設定一個會激發你每天採取行動的願景
- 制定飛航計畫引導你去努力
- 透過槓桿的力量學習利用你的時間與精力，使它們倍增
- 培養知道什麼時候應該堅持、什麼時候應該退出的技能

很少有百萬富翁不去培養這些方面的能力，它們每一項都很重要，在創造財富的道路上都扮演重要的角色。

但即便如此，沒有一個百萬富翁是沒有金錢的。因此，我們現在要來談你和你的金錢，在本章中，我們要檢視每一個有抱負的百萬富翁都必須了解與接受的五個與金錢有關的概念。

✔原則1：創造財富從管理個人財務開始

談到百萬富翁，你很容易聯想到奢華的生活型態、龐大的事業體、證券投資組合，或是成功的企業執行長。但事實上，這一切都必須從更基本的、與家庭更接近的事開始。它始於我們都可以掌控的事：我們的個人財務。

這聽起來似乎很怪異——畢竟，它不像會在你的沙發靠墊下發現一百萬元，或被你遺忘的帳戶中的一大筆存款那種事，但你今天的個人財務至關重要，因為它代表你看待金錢的習慣與態度。

舉個例，人們很容易認為有了一百萬元，做任何事就容易多了，但它沒有那麼簡單。無論走到哪裡，你都隨身帶著自己，如果你花掉現在收入的百分之一百一十，那麼你同樣會花掉一百萬元的百分之一百一十。相信我，它比你想像的更容易。

簡而言之，如果你不能妥善管理你現在的收入，你就永遠無法賺到更多或保有更多金錢。你必須調整你的生活方式，過比你現在的收入更撙節一點的生活。

省下來的這些錢怎麼辦？放在一邊，建立一筆寬裕的基金，好讓你有選擇的餘地，你可以在工作與事業上做更好的抉擇，你可以用更清晰的頭腦來操作。如果你的個人生活出現財務赤字，你很難改變——但你現在知道，你需要的是改變。

這不是「為將來儲蓄」，如同你的父母對你的殷殷勸戒那樣，這是學習有效管理你現在擁有的，才不會把壞習慣帶到將來，這樣你才有預留的空間去做百萬富翁所作的決策，而不是一般人的決策。

我建議你從現在開始，從你的銀行帳戶餘額提出百分之十，存放在另一個儲蓄帳戶內，你可以設定自動提撥另存，這筆基金的餘額越高，你的選項就越多。

但你同時要記住，大多數有錢人會將他們收入的一部分用在他們相信的事物上，但你不一定要等你發達時才這麼做。東尼・羅賓斯說：「如果你不從十塊錢中拿出一塊錢，你永遠不會從一千萬元中拿出一百萬元。」如果你拿出百分之十收入會使你的租金支票跳票，那就少一點，從百分之五開始，或百分之二，或者百分之一就好，重要的不是數額多寡，而是培養一種能改變你的財務未來，有利於你未來的人生的心態和習慣。

你現在就要開始教育你的潛意識，告訴它這樣做可以增加豐富的收入，你必須相信這樣做不只是一點點，往後還會有更多。

如果你無法管理目前擁有的，你就無法有效管理更多。

✔原則2：金錢有流動速度

回想一下，在〈第七章：成為超人〉中，我們談到百萬富翁的數學觀念和一般人的數學觀念的重大差異：一般人用的是加法，富人則喜歡用乘法。在那一章中，我們討論到透過優先次序和其他努力來善用你的時間，使成果倍增。

但金錢也需要乘法，我喜歡把金錢想像成它有速度。當你的金錢呆坐在銀行存款帳戶內時，它的速度是緩慢的，需要很多年它才會逐漸增加，那是緩慢的金錢。

當你投資一種事業，或房地產，或尋找其他方式，運用你的金錢來獲取更大的回報時，你的金錢會開始加速流動，它流動的速度加快，你的財富也會快速增加。

金錢需要運作，如果你想成為百萬富翁，你就必須學習利用你的金錢。

你的金錢流動的速度越快，你就越快成為百萬富翁。

原則3：了解風險

然而，一般而言，金錢流動速度越快，風險就越大。把你的金錢想像成一輛車，以低速行駛時——每一個駕駛所遵循的速限，管理和控制一切都相當容易，你出意外的風險很低。

但是當你加速行駛時，你的風險就升高了，當你開始以法定速限的兩倍急轉彎時，你的風險也急速增加，你雖然能更快抵達目的地，但途中遇到的風險也越大。

金錢也一樣，它的速度越快，你的風險就越高；你的風險越高，你成為富人的速度就越快，但你在中途崩盤的機會也越大。

你存在銀行帳戶中的金錢沒有風險，但利率低到你的金錢流速實際上等於負數——比經濟成長更緩慢，這是你為了擁有安全與現金流動所付出的代價。

另一方面，一個成功的創業投資者在一項交易上失敗的風險非常高，但是當他們成功時，他們的利潤可能會增加一百倍或更多。風險較高，但潛在的回報也較高。

冒多少風險沒有正確的答案——我們每個人所能容忍的風險都各不相同，你必須了解的是風險與回報之間的關係，以及沒有快速又無風險的致富方法。

創造龐大的財富需要了解與容忍風險。

✓原則4：開發多種收入來源

同時做好兩件事：增加你的金錢流速和管理你的風險的一個方法是：有多種收入來源。

即使是只有單一事業的成功的百萬富翁，幾乎都會在他的事業體內多元化，使它有一種以上的收入來源，汽車經銷商銷售汽車，但他們同時也提供維修和保養服務、企業租賃計畫和融資。餐廳也許在午餐與晚餐時間營業，但他們同時也提供外燴服務，並且將餐廳內最受歡迎的冷凍餐點外賣。

這樣做的部分原因是為了增加對每一位顧客的銷售量，但它同時也是一種降低風險的形式，以及一種測試新的市場獲利力的方式，多種收入來源能增加你的財富，同時又能藉著把雞蛋分散到許多個籃子來降低你的風險。

哈爾在二十五歲那年開始策劃他未來的出路，他離開獲利甚高的銷售名人堂，去追求成為一個全職創業家的夢想。雖然仍在銷售崗位上，但他開創他的第一個事業和第一個額外的收入來源——為業務代表個人與銷售團隊提供銷售輔導。

一年又一年，哈爾利用這個公式（我們將為你逐步列舉）增加了九個額外的重要收入來源，包括個人及小組輔導計畫、著作、主題演講、促進有償企劃、播客、海外出版、特許經營及出版《上班前的關鍵一小時》系列書籍、加盟收入，以及主辦三百人以上的活動。

你的額外收入來源可以是主動的、被動的，或這兩種的組合。有些可能是因為你做了你喜歡的事而得到報酬（主動的），有些則是你不需要做任何事就有收入（被動的）。你可以讓你的收入來源分散在不同的企業，以保護你在其中之一的市場低迷時期避免蒙受重大的損失，並在另一個上漲的市場中獲利。

雖然哈爾創造多種收入來源的策略只是你可以採用的無數策略之一（例如，你可以買房地產、利用股票市場、開張實體店面等等），後面即將談到的步驟將能為你提供一個實用的、直接的流程來擴大你的收入來源。

重要的是你要先將你的收入來源多樣化，先安排你的時間表，撥出一段時間……一天一個小時、每週一天，或每個星期六撥出幾個小時，這樣你就可以開始建立額外的收入來源，增加每個月的收入，這樣做將可以為你目前的財務提供保障，並盡快在不久的將來實現財務自由。

以下是哈爾一再採用的步驟，你可以加以應用或調整成適合你的情況。

A. 釐清你的價值

地球上的每一個人都有他獨有的才華、能力、經驗和價值，能夠以一種方式為別人增加價值，他們也可以獲得高度的補償。確認你所擁有的知識、經驗、能力或解決方案，或者創造它們，使其他人也能從中找到價值，並樂意為你付出。

切記，你知道的常識，其他人不一定知道，你可以透過以下幾種方式使你在市場上的價值異於其他人：

你是誰，以及你獨特的個性，使你的價值和世上其他任何人都不一樣，許多人對你，會比對其他提供相似價值或同樣價值的人更能夠產生共鳴。

知識是你可以相對快速提高的東西。如同東尼．羅賓斯在他的著作《駕馭金錢遊戲》（Money: Master the Game）中所說：「人們成功的一個原因是他們擁有別人沒有的知識。你付費給你的律師和醫生，就是因為你缺少相關的知識和技能。」在某一個領域增強你的知識，是一種增加價值的有效方式，別人會因為這些價值而付費給你——無論是你指導他們，或者代表他們運用你的知識。

包裝也能使你的價值不同於其他人的價值，當哈爾編寫《上班前的關鍵一小時》時，他坦承他必須克服他的不安全感，因為早起不是他發明的。他甚至懷疑這本書是否有市場，但隨著成千上萬讀者的分享，使這本書具有如此大衝擊力的原因之一是：

訊息的包裝方式。它很簡單，而且他告訴讀者逐步的流程，使每一個人都能藉著改變他們的早晨，來具體改善他們各方面的生活。

B. 確認你的目標群

確認你要服務的最佳對象是誰。哈爾以他破紀錄的銷售業務代表背景，確認他服務的最佳對象是他的業務代表同儕，於是他推出他的第一個輔導計畫。現在他透過《上班前的關鍵一小時》系列叢書及「年度最佳藍圖」（Best Year Ever Blueprint）現場活動，擴大他的服務對象。他並且指導第一次寫作和已經有著作問世的作家，這些人都希望能透過他們的書籍和後置作業，創造七位數的收入來源。

由於你可以為別人增加價值，或者你可以幫助別人解決問題，這些人就會為你能為他們增加的價值、你能提供的解決方案，或你能幫助他們創造的結果，而付費給你。

C. 建立一個相互支持的社群

當哈爾聽到白手起家的百萬富翁丹．甘迺迪（Dan Kennedy）解釋，為什麼創業家最有價值的資產之一是電子郵件聯絡人名單時，哈爾的財務人生出現了一個轉捩點。當時，哈爾的電子郵件聯絡人除了他的家人與朋友之外，沒有其他聯絡人名單，一旦他了解這個潛力之後，他立刻優先處理。他聽從丹．甘迺迪的建議，十年後，他的電子郵件聯絡人名單已增加到十萬多名忠誠的訂閱者。他後來又更進一步推出與擴展世上最受歡迎的網路社群之一。

「創造早晨奇蹟臉書社群」已成為一個研究案例，目前加入的成員已超過十萬人，他們來自七十多個國家，並且每天都在增加中。

D. 創建解決方案

當你的社群成員告訴你他們需要什麼時，這是你開始工作並創建它的千載難逢的機會，它可以是實質的或數位產品（書籍、音頻、影片、書面的訓練計畫或軟體），或是服務（寵物美容、嬰兒保母、教練、諮詢、演講或培訓）。

E. 規劃啟動方案

想一想，蘋果公司如何推出它的產品，它不是讓產品直接上架或在官網上公布就算了，不是，蘋果公司使它成為一個引人注目的活動。它會在幾個月前就先預告，聲勢浩大，以致人們願意在商店門口排隊等候多時以搶得頭籌。你也要如法炮製，想知道怎麼做，請參閱有關這個主題的最佳著作：傑夫・沃克（Jeff Walker）著作的《一週賺進三百萬》（Launch）。

F. 找一位良師

根據你的經驗，你也許會想以此做為你的第一步。如你所知，要讓你的學習曲線最小化，讓你獲得你想要的結果的速度最大化，最有效的方法之一就是找出已獲得這項成果的人，然後模仿他們的策略，不要自己試圖想辦法，找一個已經實現你想要的成果的人，了解這個人是怎麼做的，模仿他的行為，調整它，使它適合你的需要。

雖然你可以尋求與一位導師面對面交談或建立虛擬關係，但你也可以加入智囊團，或者聘請教練，甚至閱讀書籍（譬如本書）也能汲取良師的智慧。

多種收入來源可以使你的財富增加，同時降低你的風險。

以房地產創造財富

雖然哈爾是以「創造早晨奇蹟」的品牌和它的相關產品及服務創造他的財富，我卻是以房地產創造我的大部分財富。

創造價值、賺取收入、積累財富的方式不勝枚舉，但房地產值得特別一提。它是我的事業的主引擎，但房地產最好的一點是，它幾乎可以成為每一個人創造財富的主引擎。

1. 可靠的證據：透過房地產致富的百萬富翁比其他任何方式多更多，它一次又一次被證明是創造財富的有效方式，而且它和一些企業不同，它有實際價值的房地產作後盾。
2. 入門的門檻較低：不要被房地產大亨和摩天公寓大樓的概念所欺騙。房地產最吸引人的特點之一是它和你可能存有的想法相反，你不需要很富有就能展開這項事業，有些企業動輒需要數百萬元創業基金，但有了房地產，你就可以從現有的房地產開始做起。
3. 短期與長期回報：我喜歡房地產可以以租金收入的方式在短期內得到回報，但以長遠來看，你也可以從市場興旺和房地產增值享受到房地產價值的利益。

4. 被動的收入：經營一項事業可能是極耗費精力的工作，身為創業家，它的獎勵是你必須主動創造營收，但房地產可以是一種高度被動的獎勵方式。我無法告訴你，當你在做其他工作時，有人替你償付抵押貸款是一件多麼令人滿足的事！

5. 不分任何年齡，任何技能：房地產是最好的平衡器。無論你是年輕或年老，創業家或全職員工都可以做。還在讀大學？你可以把房間出租給你的同學；已經退休？很好，你可以管理自己的物業，甚至會有更高的收益。

為什麼有這麼多人選擇以房地產為他們的致富之道的原因是：它容易進入，它有效，而且你不需要任何特殊技能。如果你需要靈感，不妨參考我的著作：《財富不等人》，或羅伯特．清崎（Robert TiKyosaki）的著作：《富爸爸，有錢有理》（Rich Dad's CASHFLOW Quadrant）。

不要被房地產嚇倒。從小規模開始做起，一段時間之後，你會為你能創造的資產組合感到驚訝！

金錢真正衡量什麼

在成為百萬富翁這件事上，金錢所扮演的角色是矛盾的。金錢很重要，但奇怪的是，它又不重要。想成為百萬富翁，你對金錢至少要有點執迷，但它不是遊戲的本質，金錢仍然只是那塊計分板。

那麼，這塊計分板到底在衡量什麼？

顯而易見地，答案是美元，或歐元，或英鎊，或披索、日圓，或任何你在使用的貨幣。

但是，雖然這可以給我們一個財富的技術性定義，它在賺取成為百萬富翁所需的財富的過程中並沒有太大的助力。

因此，我們必須用不同的眼光去看金錢，我們必須問不同的問題，不要只是問：「我有多少錢？」或「我能賺多少錢？」有一組更好的問題可以直指金錢真正在衡量什麼的核心。

對我來說，金錢永遠是一個衡量我進步了多少的標竿。因此，應該問的問題不是賺多少，或賺多快，或好不好賺；應該問的問題是：

- 我學到了多少，並且把學到的這些東西應用在財富上？
- 我如何提高創業家應有的技能？
- 我為世界帶來多少價值？
- 我如何才能創造更多價值？

• 我如何才能超越？

當我改變這些問題的答案時，我的收入會隨之改變。當我成長時，我的財富也跟著成長。

那麼，你從哪裡開始？你可以問自己同樣地問題。問自己：你能為這個世界帶來什麼價值；問自己：為了創造財富，你需要學習什麼、做什麼和成為什麼？不要問這個世界什麼時候才讓你看到金錢，要問自己金錢讓你看到什麼。

當然，如果你對這些問題的答案還不是很明朗，那麼再也沒有比每天早晨第一件事，問自己這些核心問題更好的時候。

開始行動吧，兩年後，你會但願你從今天開始。

不要但願，也不要等待。

現在就開始行動。

百萬富翁的早晨

查理還是個很年輕的律師時，他的時薪大約是二十美元。他心想：「誰是最有價值的客戶？」他斷定是他自己，於是他決定每天賣一個小時給他自己。他把這一個小時用在清晨起床努力鑽研建設計畫和房地產交易。人人都應該這麼做，自己成為自己的客戶，然後為別人工作，每天都要賣一個小時給你自己。

——摘錄自愛麗絲．施勒德（Alice Schroeder）著作：《雪球：巴菲特傳》（The Snowball: Warren Buffett and the Business of Life）

第三部

幫助你邁向財富之路的三個個人成長練習

不那麼明顯的百萬富翁原則

第十章

不那麼明顯的百萬富翁原則1：自我領導

你的成功很少會超過你的個人發展水平，因為成功是被你成為的那個人吸引的。

——吉姆．羅恩（Jim Rohn）

問街上一百個路人：成為百萬富翁需要什麼，最常見的答案一定是錢、錢、錢。問一班十歲的學童，你仍然可能得到相同的答案。雖然這個答案在理論上是正確的，但它不是那麼有用，因為大多數人認為，賺更多錢的唯一方法是做更多工作。

這並不是說工作不重要，但社會使我們認為，擁有更多錢的唯一方法是更努力工作。

- 想要更多錢？更努力工作，多花點時間在工作上。
- 想要更多性生活？多練一些舉重，多增加一些走路的步數。
- 想要更多愛？多為你的伴侶做事，要比他們為你做的多更多。

但是，如果在我們的生活中擁有更多我們想要的東西，其中的秘訣不在於做更多，而是成為更多呢？

正是這個思路催生了「創造早晨奇蹟」，而且，至今這仍然是它的基礎：你的人生各方面的成功水平，永遠由你的個人發展水平來決定，譬如：你的信念、知識、情緒智商、技能、能力、信心等等。

換句話說，如果你想要更多，你必須先成為更多。

「創造早晨奇蹟」的基本原則是：你成為誰比你在做什麼事更重要，但諷刺的是，你每天做的事同時也在決定你成為誰，為了成為更多，你必須仔細省察你如何消耗你的時間和能量。

百萬富翁都是自我領導者，無論他們是否意識到這一點，他們信奉他們必須成為更多的觀念，而培養與發展的關鍵就在自己身上，在我揭開自我領導的基本原則之前，我想跟你分享我的重要發現：心態扮演著重要的角色，它是自我領導的基礎，從而影響財富的創造。

明白與懷疑你的自我局限

你也許會抱持錯誤的局限信念，這些信念會在潛意識中干擾你實現你的個人與工作目標的能力。

譬如，你也許會一再告訴自己：「但願我是個更有組織、更有條理的人。」但事實上你本來就具備提出架構與靈感的組織能力。把自己視為能力不足的人，你會以為你即將失敗，從而阻撓你的成功能力。生命中的阻礙已經夠多了，你不需要再為自己製造更多障礙！

成功的自我領導者會時時檢討他們的信念，決定哪些信念對他們有利，然後消除那些對他們不利的信念。

當你發現你在對自己說任何聽起來像自我局限的話，例如「我的時間不夠」，或「我永遠不可能做到」時，你應該立即停止，把對自己設限的話改為賦予自己權力的問句，例如：「我可以在我的時間表中從哪裡找出更多時間？我如何才能做到？」

這樣做能讓你發揮天生的創造力，找出解決辦法。當你作出承諾時，你永遠可以找到方法。正如網球天后瑪蒂娜．娜拉提洛娃（Martina Navratilova）所說：「參與和承諾之間的差別就像火腿與雞蛋，雞是參與，豬是承諾。」全力以赴是實現任何目標的關鍵。

把自己看成比以前更好

如同哈爾在《上班前的關鍵一小時》中所說，我們大多數人都患有後視鏡症候群，總是根據我們的過去，限制我們的現在與將來。記住，雖然現在的你是過去的你造成的結果，但將來的你卻完全取決於你現在選擇成為的那個人，而且就從眼前這一刻開始，這對百萬富翁來說尤其重要。你會犯錯，但是不要讓你的愧疚感阻止你發現自己超乎想像的能力，沒有什麼能限制你成為什麼人，以及你能為你的人生創造什麼。每一次犯錯都提供你一個機會讓你去學習、成長和變得比過去更好。

我看過一篇莎拉．布雷克利（Sara Blakely）的專訪，莎拉是知名的束身內衣品牌 Spanx 的創辦人，也是美國最年輕的白手起家的女性億萬富翁。她將她的成功歸因於她的父親灌輸她的一種心態：「在我成長期間，他鼓勵我們不要怕失敗，我們從學校放學回家，晚餐時他會問：『你們今天做了什麼失敗的事？』如果沒有，他就一副很失望的樣子，這是一種有趣的逆向心理學。每當我回家說我嘗試做什麼事，那種感覺糟透了時，他就會跟我擊掌。」如果我們容許失敗，我們所犯的錯誤就會轉化成最好的教訓。

我們都會犯錯，身為人類，我們並未一出生就帶著指導手冊，而且總會有人對你的生活方式提出不請自來的意見。不要聽信統計數據！要對你自己的選擇有信心，當你不確定時，設法找出你的答案和你需要的支持。

所有成功的人，在某一點上，都會選擇把自己看成比他們過去更好，他們會停止根據他們的過去來限制他們的信念，改而開始根據他們的無限潛能來形成對他們有利的信念。

這麼做最好的方法之一是遵循本書〈第三章〉概述的「創造早晨奇蹟」肯定公式的四個步驟，建立以結果為導向的肯定。一定要以提醒你理想的結果、為什麼它對你很重要、你承諾採取哪些行動來實現它，以及你承諾採取這些行動的確切時間，來建立這些增強你的可能性的肯定。

✓主動尋求支持

「尋求支持」對成為百萬富翁來說十分重要，但許多人卻獨自默默地掙扎、痛苦，因為他們以為別人的能力都比他強。

懂著自我領導的人知道他們不可能單打獨鬥。譬如，你可能需要道義上的支持，這樣你才能補充生活中消耗的能量儲備。或者你可能需要責任制的支持，克服你遇到困難便退卻的傾向。我們在人生各方面都需要不同的支持，一個偉大的自我領導者了解這一點並善用它。

「創造早晨奇蹟臉書社群」就是一個尋求支持的好地方，它的成員都很正向積極，並且反應迅速，你可以嘗試加入由目標與興趣一致的人所組成的地方團隊。Meetup.com 網站也可以協助你找到志同道合的人。我強力推薦要找一位負責的同伴，如果可以的話，找一位生活教練或企業教練來協助你。

自我領導的四個基本原則

雖然自我領導是一項技能，但所有技能都建立在原則的基礎上，為了成長並達到你想要的成功水平，你必須成為一個熟練的自我領導者。

我最喜歡一種能將學習曲線減半，並減少達到百分之一高峰所需時間的方法，這個方法就是：模仿那些比你率先達到高峰的人的特點與行為。

在我創造財富的那些年中，我見過許多百萬富翁和無數有效的策略，我認為以下四個原則將能對你的自我領導能力產生最大的影響。

原則 1：承擔百分之百責任

這裡有個不爭的事實：如果你的人生與事業都和你想要的不符，那麼一切責任都在於你。

你越早接受這個事實，就越早開始往前邁進，這不是有意苛責。成功的人很少是受害者。事實上，他們成功的原因之一，是他們對自己的人生各方面都絕對承擔全部責任，無論是個人的或專業上的，好的或壞的，他們的工作或別人的工作。

當受害者習慣把他們的時間與精力用來譴責他人時，成功者卻忙著創造他們想要的成果與環境；當平庸的企業家抱怨，因為這個或那個原因，他們的客戶都不購買，或抱怨他們的團隊表現不佳時，成功的企業家卻承擔起百分之百責任，尋找合適的潛在客戶，更重要的是學習技能，正確地建構市場占有率，促使人們開始購買。他們忙著工作，沒有時間抱怨。

我聽過哈爾在一次專題演講中提到這兩者意義深遠的區別：「當你對生命中的一切承擔起百分之百責任的那一刻，就是你宣稱你有能力改變生命中的一切的那一刻。但這裡有個重要的區別是，你要明白承擔責任和接受責備是兩回事，責備決定誰對某件事有錯，責任則決定誰承諾改善現狀。誰有錯不重要，重要的是你承諾改善你的現狀。」哈爾是對的，當你開始思考並採取對應的行動時，它會帶給你強大的自主感，剎那間，你的人生和你的結果都在你的掌控中。

當你掌控自己的人生時，你沒有時間討論誰做錯什麼，或應該責備誰。玩責備遊戲很容易，但你的人生不能再容許它，找出為何沒有達到目標的原因，這種事讓別人去做，不要由你來做，你的結果是你自己決定的，無論它是好或壞。你可以慶祝好的結果，並從所謂的壞的結果中學習，無論是哪一種，你永遠可以在任何情況（和每一種情況）下抉擇如何反應或回應。

這種心態如此重要的原因之一是：你要以身作則，如果你總是責怪別人，你的團隊會看到，他們可能不會尊敬你，你要像父母試圖找出他們子女最好的一面那樣，你領導的人永遠在觀察你，而且，重要的是你自己要和你想灌輸給他們的價值觀一致。

我建議你作以下的心理轉變：從現在開始，掌控並管理你所有的決定、行動和結果，以堅定不移的責任感取代不必要的譴責，即使別人把球掉了，你也要問自己可以做什麼，更重要的是，「你可以在未來做什麼」以防止再度掉球，雖然你不能改變過去，好消息是你可以改變未來一切。

從現在起，不要懷疑誰在掌舵，以及誰要為你的所有結果負責。你只管拜訪客戶，做你該做的事，決定你想要的結果，然後努力達成目標，你的結果就是你百分之百承擔責任的結果。

記住：你負起全責、你掌控一切，你能達成的目標是無限的。

原則 2：以健康和你喜愛的運動為優先

如果以一到十來評分，你會為你的健康和體能打幾分？你健康嗎？強健嗎？你經常感到愉快嗎？

你一整天的能量呢？你有比你知道的更多的能量嗎？你可以在鬧鐘響之前醒來，然後做重要的事，處理這一天的所有事務，解決必然發生的問題，並且一整天都不會感到疲憊和喘不過氣來嗎？

我們的「挽救人生六法」（S.A.V.E.R.S.）中的「E」，指的是運動。是的，現在我要再一次提到它。事實不容爭辯，你的健康和體能是你的能量和成功水平的一大因素，特別是對創業家而言。因為，你和你的員工不一樣，你不是以你的上下班打卡鐘登錄的時間獲得報酬，你是根據你在工作時間內產生的結果的品質而獲得報酬。成為百萬富翁是一種消耗能量的運動，和任何運動一樣，你需要非凡的耐力才能出類拔萃。

因此，表現最好的三個優先事項——其中任一項都是你必須在生活中優先關注的，是食物、睡眠和運動的品質就不足為奇了。我們將在下一章深入討論如何在各方面創造能量，但我們要先確保你從每天運動開始做起，關鍵是要找出你喜愛的體能活動。

身體健康、快樂和成功之間的關係不容否認，你很少看到那些表現頂尖的人士體態很差，這並非巧合。他們大多數都會安排每天花三十分鐘至六十分鐘在健身房運動或跑步，因為他們了解每天運動對他們成功的重要性。

雖然「挽救人生六法」中的運動這一項讓你每天以五分鐘至十分鐘的運動展開一天的生活，但我們建議你至少每個星期三至五次，每次多增加三十分鐘至六十分鐘的體能活動，這樣才能確保你的體能水平足以支持你獲取成功所需要的能量和信心。

甚至更好的是你能做一種你深深喜愛的運動，它也許是走進大自然的懷抱，玩終極飛盤，或在你的電視機前面擺一台運動腳踏車，這樣你就可以一邊觀賞你喜愛的電視劇而忘了你是在運動。或者，你也可以做哈爾喜歡的運動，他喜愛滑水和打籃球——這兩種都是很好的運動——所以他每天都會做其中一種，接下來，你將會知道哈爾如何把這些活動融入他的其他優先事項。

你喜歡哪些體能活動？你可以承諾將它們納入你每天的運動作息嗎？

原則 3：將你的世界系統化

有效的自我領導者做任何事都有系統，從工作——如：安排時間表、遵行時間表、輸入訂單、發送謝卡——到個人活動，如：睡眠、飲食、理財、汽車保養，和承擔照顧家人的責任。這些系統使生活更輕鬆，並確保你對任何事都預先做好準備。

以下是幾個你可以立即開始執行，使你的世界系統化的措施：

1. **自動化**：在我家，牛奶、雞蛋、麵包都是必需品，但經常得去商店採購補給十分麻煩，後來我找到一種送貨服務，我們便決定請他們宅配到家裡，這樣就不必自己經常出門購買，如果你發現生活中有什麼東西不能為你帶來快樂，不妨試著透過自動化來解決它。

我討厭清洗馬桶和衣物，所以我設法請個幫手做這些家事，它的一個好處是可以保持房子的整潔。我知道請管家可能不在每個人的預算之內，如果你目前還沒有能力負擔，也許可以和朋友交換服務，或想出其他有創意的解決辦法，我有個朋友把做家事和「挽救人生六法」結合，每天早上做一點清潔工作。

2. **手提箱及其他**：哈爾除了是一位暢銷作家外，他還是一位經常旅行的演說家，每個星期在國內外各地與觀眾分享「創造早晨奇蹟」的訊息。每次出門都要收拾他旅途中需要的物品不但耗時費力，而且效率很低，因為他經常忘記拿擺在家裡或辦公室的東西。當他第三度忘了帶電腦充電器，不得不找一家蘋果門市，花九十九美元買一個新的（哎喲），或者不得不向飯店櫃臺借手機充電器、刮鬍刀，或借一副先前的顧客留下來忘了帶走的袖扣後，他再也不能忍受了。於是他找了一個旅行袋，裡面裝上他出門旅行所需的一切用品，現在他一接到通知就可以立刻啟程，因為他的旅行袋內已經有他出門談生意所需的一切：名片、宣傳冊子、幾本他的著作、多功能插頭，和他的手機與電腦的充電器。他甚至還帶了耳塞，以防飯店內隔鄰的房客聲音太吵。

當你發現你遇到經常性的挑戰，或發現你準備不周、遺漏了重要物品時，你會知道你需要一個系統，如果你匆匆忙忙走出家門，準備前往這一天行程的第一個目的地，卻發現你的車在冒煙，那麼你需要一個系統讓你提早出門。這裡有幾個提前計畫的方法：

前一天晚上先打包好你的午餐、錢包、旅行袋，和你的健身房裝備，並且把第二天要穿的外出服準備好。

準備一只外出的工具包，裡面裝宣傳冊子、目錄，或其他你談生意所需的東西。

準備一些在路上吃的健康零食（蘋果、羽衣甘藍脆片、胡蘿蔔之類的），以防你走進便利商店或快餐店吃不那麼健康的食物。

換句話說，無論你去哪裡，你都需要系統規劃，沒有系統的人生會給自己製造不必要的壓力！對百萬富翁來說，這一點格外真實。

3. **建立基本時間表**：利用基本時間表是使你的專注力、生產力和收入達到最大化的關鍵。如果我們花太多天從一個任務跳到另一個任務，結束後又花太多天懷疑時間到底都耗在什麼地方，以及究竟有什麼重要進展時，我們就會錯過不可勝數的重要機會，你同意嗎？

我要和你分享——至少提醒你一個可以轉變你的能力，讓你持續產生驚人成果的東西。你必須建立一個基本時間表，為你的每一天和每一週設定架構與意圖。基本時間表是一種預先擬訂的常態性時間表，由幾個重點時段組成，每一個時段都專門用來從事你最高優先的活動。我們大多數人都能直覺地了解它的好處，但很少人能有效地持續這樣做。

我知道，我知道，你已經是不需要設定架構的成年人了。相信我；我懂，但你越能利用由一些時段組成——通常是一小時至三小時的基本時間表，專注在能協助你獲得生活與事業上的最大成果的計畫或活動上，最終你會創造出更多自由。

這並不是說你的時間表不能有彈性，事實上，我強力建議你的時間表應該有彈性。在你的行事曆中多規劃幾個時段給你的家人、嬉戲和娛樂，你甚至可以更進一步，規劃一個「我想做什麼」的時段，在這個時段做……總之，做你想做的事。你也可以根據你的需求，偶爾更動一些事項，重要的是，你要以高度的清晰度和意圖

哈爾的基本時間表

時間	星期一	星期二	星期三	星期四	星期五	星期六／日
4:00 AM	挽救人生六法	挽救人生六法	挽救人生六法	挽救人生六法	挽救人生六法	挽救人生六法
5:00 AM	寫作	寫作	寫作	寫作	寫作	寫作
6:00 AM	發送電子郵件	發送電子郵件	發送電子郵件	發送電子郵件	發送電子郵件	↓
7:00 AM	送小孩上學	送小孩上學	送小孩上學	送小孩上學	送小孩上學	家庭時光
8:00 AM	員工會議	第一優先事項	第一優先事項	第一優先事項	第一優先事項	↓
9:00 AM	第一優先事項	滑水	↓	滑水	↓	↓
↓	↓	↓	↓	↓	↓	↓
11:00 AM	午餐	午餐	午餐	午餐	午餐	↓
12:00 PM	打籃球	優先事項	打籃球	優先事項	打籃球	↓
1:00 PM	優先事項	面談	拜訪客戶	面談	優先事項	↓
2:00 PM	優先事項	面談	拜訪客戶	面談	優先事項	↓
3:00 PM	優先事項	面談	拜訪客戶	面談	優先事項	↓
4:00 PM	優先事項	優先事項	優先事項	優先事項	研擬計畫	↓
5:00 PM	家庭時光	家庭時光	家庭時光	家庭時光	約會之夜	↓
↓	↓	↓	↓	↓	↓	↓
10:00 PM	就寢	就寢	就寢	就寢	？？？	就寢

度過你的每一天和每一週，因為它關係到你如何投入你的每一小時或每一天，即使那一個小時是花在做你喜歡做的事上，至少，它在你的計畫之內。維持一個基本時間表能確保你如何最大化你的生產力，這樣你才不會在一天結束時懷疑你的時間都耗在哪裡，你如果沒有作有意識的決定，它不會去任何地方，因為你會關注你的每一分鐘。

我請哈爾分享他的每週基本時間表來舉例說明，雖然哈爾擁有創業家特有的自由時間，不需要遵循任何預定的時間，但他會告訴你，有這樣一個基本時間表，是他確保每一天能夠最大化的關鍵之一。

記住，和大多數人一樣，哈爾也會遇到一些導致他更動基本時間表的事情（偶發事件、演講、假期等等），但那都只是暫時的，只要他一回到家和他的辦公室，他就會恢復這個時間表。

這個技巧如此有效的原因之一是，因為在你的日常活動的決策中，總會有許多變數導致你情緒起伏不定，你有多少次因為約會產生變化，而影響到你的情緒和你的專注力？這麼一來，那一天剩餘的時間你的專注力和生產力都受到干擾的機會就很大。然而，如果你遵循你的基本時間表，並且行事曆上說你該上網、寫廣告文案或打電話，而且你已承諾遵循行事曆去做，那麼你就會有個成果豐碩的下午。你要自己掌握，不要把你的生產力交給機會，讓外界的影響來管理你的行事曆。建立你的基本時間表，包含你需要完成的一切，以及娛樂、家庭和歡樂時光，無論如何都遵循這個時間表。

如果你發現你需要額外的支持來確保你遵循你的時間表，不妨寄一份副本給你的負責夥伴或你的教練，請他們敦促你，你對這個系統的承諾將使你更能夠掌控你的生產力和結果。

原則4：承諾保持一致

如果有任何不那麼明顯的成功秘訣，那就是：保持一致。你想要的每一個結果——從改善你的體格到擴大你的業務規模，到與家人共度美好時光，都需要你始終如一地去創造你想要的結果。

在接下來的章節中，我將為你介紹保持一致所需的見解和方向。現在，作好心理準備繼續前進，即使你想要的結果沒有那麼快實現，並在你適應新的自己時，要有足夠的耐力承受大量的拒絕與失望。最成功的財富創造者都始終如一、堅持不懈，孜孜不倦地每天致力於實際行動；你也必須這樣做！

✓你的自尊心如何？

如同劇作家奧古斯特・威爾遜（August Wilson）所說：「面對自己的黑暗面，盡力用光明與寬恕來驅逐它們。你願意和你的惡魔搏鬥，你的天使就會高唱凱旋之歌。」自尊心讓你有勇氣去嘗試新的事物，並帶給你相信自己的力量。

為自己感到驕傲非常重要。沒有錯，我們必須真實看到我們的弱點，並努力改善，但也不要猶豫對你的實力感到驕傲和陶醉在小小的勝利中。同時，你也會有許多充滿失望、怠惰和否定的日子，所以愛你自己非常重要。如果你有最好的表現，要給自己肯定，我的日記中就特別保留一個區塊，給自己寫愛的筆記，當我需要多一點鼓勵時，我會寫下所有我喜愛的事情，然後自我欣賞。

無可阻擋的自尊心是個強有力的工具，你也許已經知道，抱持消極的態度，你將一事無成，而且十分快速！抱持積極的態度，這一天的所有挑戰都能從你的肩背上卸下。你保持冷靜，你就可以繼續前進，當你對你的能力充滿信心，並承諾保持一致時，你的行為會改變，成功將無可避免。

✓將自我領導付諸行動

培養自我領導能力有助於你在你的人生中發揮引導作用。它會消除受害者心態，確保你了解你想過的人生的價值、信念和願景。

第一步：回顧並整合自我領導的四個基本原則。

1. **承擔百分之百責任**：記住，你接受生命中的一切責任的那一刻，就是你宣稱你有能力改變生命中的一切的那一刻，你的成功百分之百由你決定。

2. **以健康和喜愛的運動為優先**：如果每天運動還沒有成為你生活中的優先事項，請重新設定。除了你的晨間運動之外，最好能再撥出更長的時段，每一週三至五次，每次增加三十分鐘至六十分鐘的運動。至於哪些食物能幫助你增加能量，我們會在下一章介紹。

3. **讓你的世界系統化**：先規劃一個基本時間表，然後確認你的生活或事業的哪些方面可以透過系統化和分段時間表而受益。這樣你每天的成果和生產過程都可以預先決定，並實質保證你的成功。最重要的是，在你的世界中實施責任制，無論是透過同事或教練，或利用你的團隊，你要對他們作出承諾，並且以身作則。

4. **保持一致**：每個人都需要架構。選擇保持一致，然後致力於實現個人的期待與價值。如果你正在嘗試一種新方法，不妨多給它一點時間讓它發揮作用，如果不成功才放棄，再換另一種方法。

第二步：利用肯定和觀想的技巧，培養你的自我掌控能力與提升自我形象的能力，一定要趁早培養，因為它要一段時間之後才能看到成果，你越早開始培養，就越能快速看到自己的進步。

現在，我希望你已了解，個人發展在創造成功方面有多麼重要，在你繼續閱讀本書之際——建議你多讀幾遍，我建議你刻意處理你知道你需要改進和擴展的領域。如果你的自尊心可以提升，就採取措施提升它，你可以設計一些肯定來提升與發展，日久之後便能看到成效，觀想自己以更多的信心採取行動，提高你的標準，並且更愛自己。

如果這聽起來不可思議，請記住逐漸改變的力量，你不必立刻把一切都做到位，而且我還有更多好消息要告訴你。在下一章中，我們將詳細解說如何規劃你的生活，創造最佳的，並且能持久的身體、心靈與精神能量，以便你能日復一日保持高度的清晰度、專注力和行動力。

百萬富翁的早晨

我每天早晨八點左右起床，而且我還有另一個簡單的守則：在察看電子郵件之前先做一件事。它可能是淋浴，可能是出去跑步，也可能是將一些想法寫在日記裡，但通常是寫作。大多數早晨，我嘗試寫作一兩個鐘頭，然後才展開一天的生活（以及我在前一天寫好的待辦事項）。

——來恩·霍利得（Ryan Holiday），暢銷作家及媒體策略專家

第十一章

不那麼明顯的百萬富翁原則2：策劃能量

這個世界屬於精力充沛的人。

——拉爾夫・沃爾多・愛默生（Ralph Waldo Emerson）

成為百萬富翁，意味著你的生與死都仰賴自己的能量，無論你決定如何賺錢、投資與增長，創造價值意味著你需要更多的身體、心靈與情緒上的能量來度過你的每一天。

問題是，能量可能有短缺的時候。有時——我知道你一定有經驗。你醒來，沒有動力或動機去面對你知道即將來臨的挑戰，開創事業、擴展公司、建立業務，都會使你的身心感到疲憊，這還是在情況好的時候。在不確定性和壓力之下要維持專注力，不是一件容易的事。情況好的時候需要熱情、計畫和堅持。情況不好的時候除了這些之外還需要更多。

創造財富需要充沛的能量，別無其他。你可以有最好的商業計畫、最好的團隊、最好的產品，但如果你沒有利用這些優勢的驅動力，將難以實現目標。如果你想讓你的財富最大化，你需要能量，越多越好，並且越能始終如一越好。

- 能量是可以使你保持頭腦清新、專注和行動的燃料，這樣你才能日復一日產生出色的結果。
- 能量有傳染性，它會像積極的病毒那樣，從你身上散播到你周遭的世界，到處引發熱情與積極反應的症狀。
- 能量是一切的基礎，它能決定我們所吸引的成就。

問題是，**你如何有計畫地規劃你的生活，使身體、心靈與情緒維持高度的能量**——一種你可以在需要時立即取用的永續能源。

當我們面對這個問題而掙扎時，常見的解決辦法是補充咖啡因、糖和其他刺激物。它們通常會發揮一段時間的作用，直到後繼無力。你可能已經注意到，你可以靠刺激物來維持短暫的精力，但是當你最需要它時，它的效果卻消失了。

我剛好聽到某個電視購物節目主持人正在說：**可是，大衛，一定有更好的辦法！**

事實上，有。如果你一直以來都靠咖啡和純粹的決心來提神，當你了解能量是如何運作，並決心規劃你的生活來優化它時，你已錯失了許多可能性。

✓自然的能量循環

首先要了解的是，這裡的目標不是要一直全速運行，保持恆常不變的輸出是不切實際的事。身為人類，我們的動力有自然的消長與流動。你要注意什麼時候是你一天當中精力最旺盛的時候，然後給自己留出時間去休息、恢復體力，並在強度減弱時補充能量。

就像室內植物需要水一樣，人類也需要補充能量，你可以長時間拚命工作，但最終，你的身、心、靈仍需要重新補給。不妨把你的生活想像成一個盛裝能量的容器，當你沒有好好管理你的容器時，它就像底部有個漏洞，無論你裝進多少東西，永遠也留不住。

與其讓自己陷入不堪負荷、身心俱疲，或壓力重重的境地，何不主動積極建立一個自動充電系統？這將有助於你堵住容器中的漏洞，讓你充滿你需要的能量。

長期疲憊是不可以的；你沒有必要忍受這種狀態，你也沒有必要讓自己一直筋疲力竭、暴躁易怒、進度落後、形銷骨立，而且不快樂。這裡有幾個簡單的方法可以讓你有計畫地規劃你的生活，優化並維持你的身體、心靈與情緒的能量。

以下是我遵循的三個原則。它們讓我維持最大的能量，並在我需要時就能利用。

以飲食補充能量

談到產生持久的充裕能量，你的飲食扮演最重要的角色。如果你和大多數人一樣，你首先會根據你的口味選擇食物，然後再考慮第二種選擇（如果有的話）。然而，短暫滿足我們味蕾的食物，往往不能提供我們一整天所需的能量。

吃美味的食物並沒有錯，但如果你想要健康，並有超強的表現，那麼，重要的是，你要有意識地重視你的飲食成果，勝過重視你的味覺。為什麼？因為你的食物選擇最能影響你的能量。花一點時間想一想，你在吃了一頓大餐（譬如感恩節晚餐）後感覺多麼疲憊。吃了大餐之後通常會眼皮沉重，想打瞌睡，這絕非偶然，這種現象被稱為「食物昏迷」是有原因的。

高度加工的食物——由高量的蔗糖和其他簡單的碳水化合物製成的包裝食品，消耗我們的能量大於補充能量，這些基本上是「死的」食物，不會增加你的能量，反而會導致你的能量瞬間飆升後又立即崩潰，使你感到疲倦和無精打采。相反地，像水果、堅果類及種子類的營養食物能使你更健康，並維持你的能量，增強你的身心，讓你有最好的表現。

你吃進去的所有東西不是增加你的健康與耐力，就是減損它們。飲用水有益健康，兩小杯龍舌蘭酒則對健康無益，吃富含新鮮蔬果的食物更有益健康。開車到得來速，然後狼吞虎嚥吃一些速食呢？不太健康。這不是什麼高深的火箭科學，但它也許是優化你的生活最重要的領域，如果你和大多數人一樣，你可能必須停止繼續欺騙自己了。

如果你還沒有這樣做，那就要開始注意你吃什麼、什麼時候吃，以及最重要的，為什麼吃，並且有計畫地規劃你的飲食，這樣才能為你的生活創造最佳的能量。

✔有計畫地吃

談到這裡，你也許會想：有沒有搞錯，我在進行「創造早晨奇蹟」時哪有時間吃東西？我會在這裡解說。我們同時也會討論吃什麼效果最好，這很重要，以及為什麼你要吃這些東西，這是最重要的考量因素。

什麼時候吃：消化食物是個需要能量的過程，吃得越多，你讓你的身體消化的食物越多，你越容易感到疲倦，我建議在你「創造早晨奇蹟」結束之後吃第一餐，這樣可以確保你在修習「挽救人生六法」期間保持最高的警覺性和專注力，你的血液會流向你的大腦，而不是流向你的胃去消化食物。

有些人在早晨時特別感到飢餓，你也許會想吃少量健康的脂肪為大腦補充燃料。

研究顯示，保持頭腦敏銳、心情平衡，可能和你吃的脂肪種類有很大關係。醫學博士艾美．傑米森－佩托尼克（Amy Jamieson-Petonic）說：「我們的大腦至少有百分之六十是脂肪，而且這些脂肪成分（如omega-3s）必須從食物中取得。」艾美是一位有執照的營養師，目前是克里夫蘭醫學中心的健康指導主任，也是美國飲食協會的全國發言人。

哈爾每天早上喝了第一杯水後，會先以健康的油脂補充能量，通常是吃一大匙有機椰子油（特別是有機椰子甘露Nutiva Organic Coconut Manna，你可以從亞馬遜網站訂購），或喝一杯添加MCT油（中鏈三酸甘油脂，一樣可以在亞瑪遜網站買到）的有機咖啡，一大匙椰子油和少量的MCT油，兩者都含有健康的油脂，可以為大腦提供能量。

可可也有益健康，它含有豐富的抗氧化劑（它在「ORCA氧自由基吸收能力」量表上排名前二十），還能降低血壓，也許最讓人興奮的是吃可可會讓你產生幸福感！它含有苯乙胺（人稱「愛情靈藥」），會影響我們的心情和愉悅狀態，會帶給你和談戀愛時相同的感覺，它也可以做為一種興奮劑，可以提高警覺性。換句話說，可可是營養部門的大贏家。

如果你想在早晨起床後第一件事就吃東西，一定要吃少量、清淡、容易消化的食物，例如新鮮水果或精力湯（後面會再詳述）。

為什麼吃：讓我們先來深入探討一下為什麼你選擇吃那些食物。當你在食品店購物或從餐廳菜單挑選菜餚時，你以什麼標準來決定你要吃的食物？你的選擇純粹根據口味？口感？方便性？還是根據健康？耐力？飲食限制？

大多數人所吃的食物都以口味為主，更深入一點，根據他們對喜愛的食物的情緒依戀。「為什麼你愛吃那種冰淇淋？為什麼你要喝那種汽水？」或者，「為什麼你要從食品店買那種炸雞回家？」你可能聽到的答覆通常是：「嗯，因為我愛吃冰淇淋！……我愛那種口味的汽水！我當時很想吃炸雞！」這些答案主要都是基於對這些食物味道的情緒上的享受。在這種情況下，這個人不太可能說他們選擇這些食物的原因是：這些食物會對他們的健康增加多少價值，或這些食物消化之後能為他們維持多少能量。

如果你想有最好的表現，每天的生產力都能發揮到極致（我們都想），以及，如果你希望身體健康沒有疾病（誰不想？），那麼，重新審視為什麼你要吃這些食物十分重要。因為很重要，所以再重複一次：從現在開始，要更重視你吃的食物的成果，不要只重視它的口味。口味只能提供你短暫的愉悅，但健康與耐力卻能影響你一整天，最終影響你的餘生。

這並不表示你必須吃不好吃的食物來換取健康與能量的益處；食物美就美在你可以同時享受美味與能量。但是，如果你想過每天都活力充沛的生活，展現最佳狀態，有一個健康、長壽的人生，你必須以健康與能維持體力的食物為優先選擇。

吃什麼：在我們討論吃什麼之前，讓我們先花一秒鐘談喝什麼飲料。記住，〈防止貪睡的五個起床策略〉中，第四個步驟是早晨起來第一件事先喝一杯水，這樣才能補充你在一整夜的睡眠期間失去的水分。

至於吃什麼，研究已證明天然食物，如新鮮水果與蔬菜，能大大增加你的能量、增強你的專注力和幸福感、維持你的健康，並防止疾病。因此，哈爾創造一款「創造早晨奇蹟」的超級食物精力湯，將你身體所需的一切融合起來，放進一只冰鎮過的大玻璃杯中！哈爾的精力湯含有完整的蛋白質（所有必須胺基酸）、抗衰老的抗氧化劑、omega-3必須脂肪酸（增強免疫力、心血管健康和腦力）、外加豐富的多種維生素與礦物質，這還只是開胃菜，另外還有超級食物，例如：可可（用來製造巧克力的熱帶豆）中含有可以提神和提高情緒的植物營養素；可持續維持能量的**瑪卡**（maca，安第斯山適應原食品，因具有平衡荷爾蒙作用而備受推崇）；以及具有增強免疫力與抑制食慾特性的**奇亞籽**。

「創造早晨奇蹟超級食物精力湯」不僅能提供你持久的能量，而且味道也很棒，你甚至會發現它可以增強你在日常生活中創造奇蹟的能力。你可以在www.TMMBook.com網站上免費下載與列印精力湯食譜及其他資源，這樣你就可以把列印出來的食譜（而不必把這本書）放在你的果汁機旁邊，因為，如果你像我那樣，偶爾會忘記把果汁機的蓋子蓋緊，超級食物精力湯就會噴得廚房到處都是。

還記得那句「人如其食」的諺語吧？這是真實不虛的，照顧好你的身體，你的身體才會照顧你。

我已經把我對食物的觀點，從獎勵、治療或舒適，轉變為燃料。我要吃美味健康的食物來支持我的使命，並讓我在必要時繼續前進，我還是會享用某些不是最健康選擇的食物，但我會策略性地保留，在我不需要維持最好的體力的時候才吃，例如晚上和週末。

開始對我的飲食作更好的抉擇，最簡單的方法是留意我吃了某些食物後的感覺，我會在吃完一餐後用定時器設定六十分鐘。一小時後定時器響了，我便評估我的感覺，不久之後我就知道哪些食物最能提升我的體力，哪些食物不能。我可以明確分辨我喝精力湯或吃沙拉之後，以及我忍不住吃雞肉三明治或一些美味的披薩之後的能量差異，前者帶給我充足的能量，後者則讓我處於能量短缺狀態。

給你的身體盡情工作與玩樂所需的東西是什麼感覺？給你自己值得享有的東西是什麼感覺？你應該有意識地選擇你的飲食，給自己一個健康的禮物。

如果你一整天的飲食幾乎都是吃進去之後才追悔，譬如，在飢餓邊緣匆忙開車到得來速買一份速食，那麼現在是你開始制定新策略的時候了。

考慮以下問題：

- 我可以開始有意識地考量我吃什麼飲食的後果（健康與耐力兩方面），以及我對它的重視程度可以超越口味嗎？
- 我可以隨身攜帶水，有意識並有目的地補充水分和避免脫水嗎？
- 我可以規劃我的三餐，包括健康的零食，以對抗任何不適合我的飲食型態嗎？

是的，這些你都可以做到，而且還可以做更多。想一想，當你有意識、有目的地改變你的飲食習慣時，你的生命會有多麼大的改善，並且為你的事業增加多少能量。

- 你將保持積極的心理與情緒狀態。低能量會使我們感到沮喪，而高能量有助於產生積極的心態、展望和態度。
- 你會更有紀律。低能量會消融我們的意志力，使我們更可能選擇做容易的事情來取代正確的事情，高能量水平使我們更能夠自律。
- 你會更長壽。
- 你會為你領導的人和你愛的人立下榜樣。我們如何過我們的生活，我們周遭的人也會跟著做。

- 你會更健康，感覺更好，活得更久。
- 額外的好處：你毫不費力就能維持應有的體重。
- 最好的好處：你會更快發展你的事業，增加銷售額，招募更多、更好的團隊成員，並且賺更多錢，因為你的外表和感覺都很棒！

不要忘了一整天都要補充水分，水分不足會導致脫水，當你體內的水分不足時，身體就無法發揮正常的功能。即使輕微的脫水也能消耗你的活力，使你感到疲倦。

你在進行防止貪睡的五個起床策略時就會喝一天當中的第一杯水。此外，我建議你隨身攜帶一個水瓶，養成每隔一、二小時就喝十六盎司水（約等於四百七十三 c.c.）的習慣。如果你容易健忘，不妨設定自動重複定時器，或在手機上設定多次鬧鈴提醒你。每次聽到鈴聲就喝水瓶裡的水，然後重新注滿，以便下一次再補充水分，水瓶內隨時裝滿水以備不時之需。

談到進食頻率，每隔三至四小時吃少量容易消化的天然食物來補充能量十分重要，我的三餐都含有幾種蛋白質和蔬菜。為了防止血糖下降，我常吃以天然食物製作的點心，包括新鮮水果與堅果，以及我最愛的零食羽衣甘藍脆片，我會嘗試為我最需要成果的日子規劃最好的飲食。

我相信為能量而吃——從我每天的第一餐飯開始，到我完成工作，加上運動，也能讓我在晚上和週末自由地吃我想吃的食物，我相信我可以吃任何我想吃的東西，只不過多少節制一點不要吃太多。我學會品嚐一切，但只要滿足味蕾就足夠了。

最後，這裡還有一件簡單的事必須記住：食物是燃料，我們必須盡可能使用最好的燃料，使我們從一天的開始到結束都感到心情愉快、精神飽滿。重視吃進去的食物的價值更甚於味覺，以及吃可以提供你高辛烷值燃料的健康油脂與天然食物，是能量規劃的第一步。

✔為了獲勝而睡與醒

睡更多，成就更大，這也許是你聽過最違背常理的商業口號，但這是真的。身體需要每晚足夠的睡眠才能發揮正常的功能，並在忙碌的一天之後充電。睡眠也在免疫功能、新陳代謝、記憶、學習，及其他重要的身體功能方面扮演重要的角色。睡眠時，身體會進行修復、治療、休息與成長。如果沒有足夠的睡眠，你會逐漸感到疲憊。

睡眠與足夠的睡眠

但是，睡眠要多少才足夠？你可以獲得的睡眠量，和發揮最大功能所需的睡眠量有很大的差異。加州大學舊金山分校的研究人員發現，有些人有一種基因，使他們一個晚上睡六小時就可以有很好的表現。但這種基因很罕見，只在百分之三人口身上顯現，其他百分之九十七的人，六小時的睡眠是不夠的。你只睡五、六個小時就能發揮功能，並不表示如果你在床上多睡一、二個小時，你的感覺不會更好並能完成更多工作。

這聽起來也許有悖常理，我幾乎可以聽到你說：在床上多睡幾個小時能完成更多工作？這怎麼可能？但有充分的文獻顯示，充足的睡眠能使身體發揮最大的功能，你的工作不但可以做得更好、更快，而且你的態度也會改善。

每個人夜裡需要的休息量都不一樣，但研究顯示，一般成年人大約需要七至八小時的睡眠來恢復每天處理日常生活事務所需的能量。

和許多人一樣，我已習慣於認為我需要八至十小時的睡眠，但實際上，有時我的睡眠需求少一點，有時需要多一點。想知道你是否有足夠的睡眠，最好的方法是看你白天的精神如何。如果你睡眠充足，那麼，從你起床的那一刻起，一直到你的一般就寢時間，一整天你都會感到精神飽滿，活力充沛。否則，你在早上或下午……或早上和下午……就會想攝取咖啡因或糖。

如果你和多數人一樣，沒有得到足夠的休息會很難集中注意力、清楚地思考，並記住事情，你也許會發現，在家或在辦公室都缺乏效率，甚至把這些過失都歸咎於你緊湊的工作時間表。你錯過的睡眠越多，症狀就越明顯。

此外，缺乏休息與放鬆還會影響你的心情，創業不是可以讓你亂發脾氣的地方！這是有科學根據的，一個人如果缺少良好的夜間休息，他的性格會受影響，通常會變得更暴躁易怒，缺乏耐性，並且更容易責怪別人，缺少重要的休息可能使你成為一隻暴躁的熊，這對任何人都不是有趣的事，包括你自己。

大多數成年人會減少睡眠時間，好在白天從事更多活動。當你在趕工時，你可能會減少睡眠以便做更多事。不幸的是，睡眠不足會使身體筋疲力竭，容易引發疾病、病毒、症狀侵襲身體。當你睡眠不足時，你的免疫系統可能受到損害，並容易受任何影響，最後導致疾病，使你幾天或幾個星期無法工作，這不是力圖發展業務的方法。

反過來說，當你獲得足夠的睡眠時，你的身體會正常運作，你會感到愉快，你的免疫系統會增強，這樣你就會有更多的銷售，吸引更多人參與你的業務。把良好的睡眠想像成你打開內在的磁鐵的時候，充分休息之後醒來，然後進行你的「挽救人生六法」而感到心情愉快，你將會吸引更多生意，因為一個快樂的創業家同時也是個富裕的創業家。

睡眠的真正益處

你可能不知道睡眠的力量有多麼強大。當你快樂地在夢境中漫遊時，睡眠卻在替你做苦工，為你帶來許多不可思議的好處。

睡眠可以改善你的記憶：當你打盹時，你的腦子依舊處於非常忙碌的狀態，睡眠能讓你的大腦清除白天工作時產生的有害毒素，增強記憶力，並透過整合過程，練習你在清醒時學會的技能。

「如果你在學習某個東西，無論是生理的或心理的，你都要透過練習使它完善至某種程度，」睡眠專家大衛・拉波特醫生（Dr.David Rapoport）說，「你在睡覺時會產生一些東西讓你學得更好。」

換句話說，如果你嘗試學習某個新東西，無論是西班牙語、新的網球揮拍動作，或你的兵工廠中一種新產品的規格，當你有充足的睡眠時，你會學得更好。

睡眠可以幫助你延長壽命：睡太多或睡太少都與壽命減短有關，雖然我們對它的因果關係仍然不清楚。二〇一〇年一項針對五十歲至七十九歲婦女所作的研究顯示，每晚睡眠時間少於五小時或超過六個半小時的女性死亡率較高，適量的睡眠有利於你的長期健康。

睡眠可以增強創造力：抓起畫架和畫筆，或拿起紙筆之前先睡個好覺。除了整合記憶或增強記憶之外，你的大腦似乎也會重新組織和架構它們，從而使你有更多的創意。

哈佛大學與波士頓學院的研究人員發現，人們似乎可以在睡眠期間增強記憶中的情感成分，這可能有助於刺激創作過程。

睡眠有助於更容易達到並維持健康的體重：如果你體重過重，你的能量水平不可能和健康體重的人一樣。如果你正在改變你的生活型態，包括做更多運動和調整飲食，你就要規劃提早就寢，對你的身體增加額外的要求，意味著你必須以足夠的休息來平衡這些要求。

好消息是：芝加哥大學的研究人員發現，有充分休息的減肥者，比睡眠不足的減肥者多減少百分之五十六的脂肪，而後者只減少肌肉質量，在這項研究中發現，減肥者若睡眠不足時也會更容易感到飢餓，睡眠和新陳代謝都由大腦的同一個區域控制，當你昏昏欲睡時，你血液中的某些激素——驅動食慾的激素會升高。

睡眠會讓你感覺壓力減輕：談到我們的健康，壓力與睡眠關係密切，兩者都能影響心血管健康。睡眠能減輕壓力，從而更有效控制血壓。同時，據信睡眠還能影響膽固醇，而膽固醇在心臟疾病中扮演極重要的角色。

睡眠有助於防止錯誤和事故發生：美國國家公路交通安全管理局在二〇〇九年提出報告指出，因駕駛疏忽導致單一車輛死亡車禍的原因，以駕駛疲勞為數最多，甚至超過酒醉駕駛！睡眠不足是一個被大多數人嚴重低估的問題，但我們的社會卻為此付出巨大的代價，睡眠不足會影響我們的反應速度和決策。

如果僅僅一個晚上睡眠不足就會像喝一杯酒精飲料一樣危及你的駕駛能力，想像一下它會如何影響你成為一個頂尖創業家所需保持的專注力。

獲得持續與有效的休息對於你的最佳表現，和你在飲食中吃什麼與不吃什麼一樣重要，你或許已經知道你需要多少睡眠才能維持最佳狀態。此外，睡眠品質最佳化也同樣重要。然而，比你每天晚上能獲得幾個小時睡眠更重要的是：你早晨醒來的方式。

醒來的真相：你貪睡，你就輸了

俗話說：「你貪睡，你就輸了。」這句話可能比我們任何人能意識到的有更深一層的含義。你按下貪睡鈕，直到不得不起床時——意思是直到你不得不去某個地方，做某件事，或照顧某個人的那一刻才醒來，這種舉動可以被視為你以抗拒的態度展開你的這一天，你每次按下貪睡鈕，就是以抗拒的態度在面對你的一天、你的生活，以及醒來並創造你想要的人生。

亞利桑納州普雷斯科特山谷與弗拉格斯塔夫的睡眠障礙中心醫療主任羅伯．羅森柏格（Robert S.Rosenberg）指出：「當你一再按下貪睡鈕時，你正在對自己做兩件負面的事，首先，你正在分割你得到的一點點額外的睡眠。其次，你開始讓自己進入一個沒有足夠時間完成的新的睡眠週期，這可能導致你一整天都昏沉無力。」

反之，當你每天懷抱熱情與目的醒來時，你已加入那些極少數實現夢想的高成就者成為勝利組。最重要的是，你會快樂。改變你早上醒來的方式，你就會改變一切。

你可以不相信我，但是你要相信那些著名的早起者：歐普拉．溫芙蕾、東尼．羅賓斯、比爾．蓋茲、霍華．休茲、狄帕克．喬布拉、偉恩．戴爾、湯瑪斯．傑佛遜、班傑明．富蘭克林、阿爾伯特．愛因斯坦、亞里斯多德，以及太多太多無法在此一一舉出的名人。

沒有人教我們如何學習有意識地設定我們每天早晨醒來的意圖，以真正的願望——甚至熱情。這樣做，我們就可以改變我們的整個人生。

如果你每天都按下鬧鐘繼續貪睡，直到最後一刻不得不出門上班、上學，或照顧家人時才起床，回到家後又一直坐在電視機前直到上床睡覺（這曾經是我過去的日常生活習慣），那麼我請問你：你什麼時候才把自己培養成創造出你想要，以及你應該擁有的健康、財富、幸福、成功與自由的那個人？你什麼時候才過你想要的人生，而不是麻木不仁地，尋找每一個可能讓你分散注意力的機會來逃避現實？如果最後你終於對你的現實、你的人生覺悟了呢？

如果你還沒有做到，請務必遵循〈第二章〉「防止貪睡的五個起床策略」，你一定會贏。如果按時起床對你是個挑戰，可以嘗試將鬧鐘設定在你的理想就寢時間之前一個小時，提醒你開始放鬆，準備睡覺。

任何一天都比不上從今天起就放棄過去的我們，開始成為我們想成為的那個我，並提升我們想要的人生，任何一本書也都比不上你手上拿的這本書，它告訴你如何成為能快速吸引、創造，維持你夢寐以求的人生的那個人。

我們真正需要多少睡眠？

關於我們需要幾個小時的睡眠這件事，專家首先會告訴你，沒有一體適用的時數。理想的睡眠時間因人而異，並且受年齡、遺傳學、壓力、整體健康、個人的運動量、飲食——包括我們多晚才吃最後一餐等諸多因素的影響。

舉個例，如果你的飲食中包含速食、加工食品、過多的糖類等等，那麼你的身體會被要求在睡眠期間更努力工作，因為它要整夜工作來排毒與過濾你吃進去的毒素。反之，如果你吃的是乾淨的天然食物，如同我們在前面所述，那麼你的身體會更容易充電和恢復活力，吃乾淨飲食的人幾乎睡醒後都會比飲食不良的人更覺得神清氣爽、活力充沛，而且，即使睡得較少也能發揮最好的功能。

你還應該記住，睡太多也不好。美國睡眠基金會指出，研究結果發現睡眠時間太長（九小時或更多）和罹病率（疾病、意外事故），甚至死亡率（死亡）增加有關，這項研究同時發現，有些變數，如抑鬱症，與長時間睡眠也有密切關係。

由於有無數研究與專家提出各式各樣相反地證據，而且需要的睡眠量因人而異，所以我不打算在此陳述正確的睡眠方法，但我會從個人的經驗和實驗，以及針對歷史上一些最偉大的思想家的睡眠習慣所作的研究，分享真實世界的結果。不過我警告你，其中有些例子可能仍有爭議。

如何在醒來時精神百倍（在睡得少的情況下）

透過親自實驗各種不同的睡眠時間——以及向其他許多已測試過這個理論的「創造早晨奇蹟」實踐者學習，哈爾發現我們的睡眠如何影響我們的生理，主要是受我們個人認為我們需要多少睡眠的影響。換句話說，我們早上醒來時的感覺——這是一個很重要的區別，不僅僅基於我們獲得多少小時的睡眠，我們告訴自己醒來時將有什麼感覺的影響更大。

譬如，如果你認為你需要八小時睡眠才會感到已獲得充分休息，但你深夜十二點才就寢，又必須在清晨六點醒來，這時你可能會告訴自己：「我的天，我今晚只睡六小時，但我需要八小時的睡眠，所以明天早上我將會覺得很累。」那麼，當你的鬧鐘響時你睜開眼睛，意識到起床時間到了，那時會怎樣？你的第一個念頭會是什麼？和你睡前的念頭相同！「我的天，我只睡六小時，我覺得很累。」這是一個自我完成、自我破壞的預言，如果你告訴自己明天早上會覺得很累，那你就會覺得很累，如果你認為你需要睡八小時才能得到充分休息，那麼低於八小時你都不會有得到充分休息的感覺。但是，如果你改變你的信念呢？

身心連結是一個強大的東西。我相信我們必須為我們的人生各方面負責，包括每天醒來精神百倍的能力，無論我們得到多少小時的睡眠。

所以，你真正需要多少小時的睡眠？你告訴我。如果你還在為打瞌睡或睡懶覺而掙扎，並感到憂心，我強烈建議你去買一本蕭恩・史帝文森（Shawn Stevenson）的著作：《睡得更聰明：睡出健康與財富的21個秘訣》（Sleep Smarter: 21 Proven Tips to Sleep Your Way to a Better Body, Better Health, and Bigger Success）。這是我看過有關睡眠主題的著作中寫得最好、研究最透徹的一本書。

✔休息是為了再充電

睡眠的有意識的對應是休息，雖然有些人會把這兩個術語對調，但它們卻有很大的差異。你也許有八小時的睡眠，但如果你清醒的時間都一直在忙碌，那麼你就沒有任何時間思考，或為你的身體、心靈與情緒充電，當你整天忙著工作，馬不停蹄地一個活動接一個活動，最後以一頓快速解決的晚餐和熬夜來結束一天的生活時，你不會考慮到你需要休息。

同樣地，週末帶孩子去踢足球、打排球或籃球，接著去看一場足球賽，上教堂、在唱詩班唱歌，趕幾場生日派對等等，對健康的影響弊多於利。雖然這些都是很好的活動，但活動排得太滿、時間太緊湊將使你沒有時間充電。

我們生活在一種以為過得更忙碌、更刺激，我們就更有價值、更重要，或更顯得精力旺盛的文化中。事實上，當我們的內心能夠平靜下來時，我們才能真正擁有這些東西。儘管我們很想過平衡的生活，但現代的世界卻要求我們幾乎無時無刻保持聯繫與大量生產，這些要求都可能消耗我們的情緒、精神和肉體。

如果你不是長時間忙碌，而是重視刻意保有安靜的時間、神聖的空間，和有目的的靜默時段呢？這樣會不會改善你的生活、你的身心健康及創業成功的能力？

當你的待辦事項長達一英里時，要你撥出時間似乎有悖常理，但事實上，更多的休息是提高生產力的先決條件。

研究證明休息能減輕你的壓力，練習瑜伽與靜坐也能降低心率、血壓和耗氧量，同時減輕高血壓、關節炎、失眠、抑鬱、不孕症、癌症和焦慮。休息對精神有極大的好處。放慢速度，安靜下來，意味著你可以進入你內在的智慧、知識和聲音。休息和它的近親「放鬆」，能使我們和周遭的世界連結，迎接輕鬆自在和滿足感進入我們的生命。

而且，是的（萬一你仍在懷疑），你會更有效率，對你的朋友與家人更友善（更別提你的同事、員工和客戶），並且整體上也會更快樂。我們休息就如同讓大地休耕一樣，不要不停地耕種和收穫，我們每個人的電池都需要再充電，充電最好的方式就是真正地、簡單地休息。

簡單的休息方法

大多數人都把休息和玩樂混為一談。休息時，我們會參加健行、蒔花弄草、鍛鍊，或甚至開派對這些活動。它們之所以被稱為休閒活動，是因為從工作中暫時停下來；但事實上，它們不是，也不能被定義為休息。

休息被定義為一種清醒的睡眠，在這種狀態下仍然有警覺心和覺察力。休息基本上是通往睡眠的橋樑，我們獲得休息與睡眠的方式相同：給它們一個空間讓它們發生。每一個活的有機體都需要休息，包括你。如果我們不找時間休息，最終會傷害身體，以下幾個簡單的方法可以讓你的身體得到必要的休息。

- 如果你現在每天早上修習「挽救人生六法」，那麼花五分鐘靜坐是個很好的開始。
- 你可以利用星期日休息，或者，如果你必須在星期日工作，其他任何一天也行。你可以找個時間獨處，閱讀或看電影，或與家人一起做比較低調的事，好比一起烹飪、和孩子一起打電玩，享受彼此的陪伴。

- 開車時保持安靜：關掉收音機，收起手機。
- 出去散步時不要戴耳機。在大自然中散步，沒有任何意圖或目標（譬如燃燒熱量）也是一種休息。
- 關掉電視，空出半小時、一小時或甚至半天保持安靜，試著做幾回合有意識的深呼吸，將注意力集中在你的吸氣和吐氣上，或吸氣和吐氣之間的空檔。
- 專心喝一杯茶、閱讀勵志文章與書籍、寫日記、洗熱水澡，或找人按摩。
- 參加靈修活動，或許是和你的團隊、一群朋友、你的教會朋友、你加入的任何社團、家人、你的配偶一起，或者你獨自一個人也行。

小睡片刻也是很好的休息與充電的方式，如果因為某種原因我在白天感到筋疲力竭，但後面還有很長的時間，我會毫不遲疑重新設定按鈕，小睡二、三十分鐘，小睡片刻也能導致更好的睡眠模式。

設定一個特定的休息時間很有幫助，你可以畫出界限，把這段時間空出來。

養成休息的習慣

身為創業家，你已預設自己處於作戰狀態，你必須安排你的休息時間與照顧自己的時間，和你安排生活中的其他約會時間一樣，你從休息獲得的能量將會一再獎勵你。

休息當然不是學校會教我們的東西，所以剛開始也許不太自然。但，畢竟你是個充滿動力、努力充電的創業家，也許會有意識地將休息列為優先事項。學習不同的正念技巧納入你的日常生活，是讓你的身心靈獲得深度休息的有效方式。例如：練習午間靜坐、瑜伽，和有目的的靜默，都是進入並達到寧靜狀態的有效方式，尤其是你承諾定期練習時。

你在日常生活中融入更多休息與安靜時刻，你的回報就越大，在比較安靜的時候，也許你不需要太多休息，但在緊張的時候（譬如遇到巨大的配額或緊張的最後期限時），也許會需要比平常更多的休息與安靜。

結合運動、健康的飲食選擇、穩定的睡眠，以及休息，你和你的事業將能往正確的方向大躍進。記住，當你嘗試採取這三種方法——更有效的飲食、睡眠，和休息時，起初你也許會感到不自在，你的心和身體也許會遇到情緒上的阻力，在這種情況下，你要承諾過更健康的生活，來抵抗逃避不自在的衝動。

✔將能量策劃化為行動

第一步：以你的飲食效果（而不是口味）為優先，致力於為攝取能量而進食。早上起床先喝一杯水後，攝取一些健康的油脂為你的大腦提供燃料。嘗試在你的每日三餐中，採取由天然食物組成的健康飲食。不要以薯片當零食，改吃羽衣甘藍脆片或新鮮的有機水果，並且記得隨身攜帶一瓶水補充水分。

第二步：以承諾保持穩定的就寢與起床時間來贏得勝利，根據你醒來進行「創造早晨奇蹟」的時間來決定你什麼時間就寢，以確保你獲得充分的休息，連續幾週維持固定的就寢時間，讓你的身體逐漸適應。如果你需要一點提示準時上床睡覺，記得設定鬧鐘，在你熄燈前一個小時開始放鬆。幾個星期之後，你就可以不費吹灰之力在你的就寢時間上床睡覺，提高你的能量水平。

第三步：在你的日曆上註明休息與充電時間，無論是靜坐冥想、小睡片刻、散步，或做任何能讓你感到喜悅和開心的事。還記得吧，哈爾每天有兩個小時的午餐時間，他利用這段時間打籃球或滑水，這都是他最喜愛，並且能讓他徹底充電的活動。你可以規劃將哪些活動融入你的日常生活，藉此來充電。每天除了你的「創造早晨奇蹟」之外，也要安排固定的時間休息與充電。

現在你已為你的身體作了規劃，讓我們把注意力轉移到你的專注力上吧。

百萬富翁的早晨

暢銷作家提摩西·費里斯（Tim Ferris）——《一週工作四小時，擺脫朝九晚五的窮忙生活》（The 4-Hour Workweek）作者——每天起床後第一件事是鋪床，然後靜坐十至二十分鐘。接著他做短時間的輕度運動，然後花五分鐘至十分鐘寫日記。

第十二章

不那麼明顯的百萬富翁原則3：堅定不移的專注力

成功的勇士也是平凡人，只不過他具有雷射般的專注力。

——李小龍，名揚世界的武術家及演員

我們都見過那種人，你知道，那種人：跑馬拉松的、小聯盟教練、在兒子學校的午餐專案當志工的媽媽，她也許還一邊寫小說，除此之外，她還是個傑出的創業家，被媒體大量報導，獲獎無數，並且年復一年業務蓬勃發展。我敢說你一定認識這樣的人——一個成果輝煌得似乎令人難以置信、令人費解的人。

或者，也許你認識這種人：這個生意做到營業額百萬美元的創業家似乎很少在工作。他總是在湖邊打高爾夫球，即使是平日。你每次看見他，他總是說他剛度假回來，或者正準備去度假。他身體健康，總是開開心心的，讓每一個遇到的人都覺得他容光煥發。

這兩種人你或許都認識，但你可能不知道他們是如何做到的，也許你一直都認為她很幸運，或者有天賦。你可能認為他的關係好，或者他個性正直，或者他們天生就具備超能力。

雖然這些條件有助於他們成為百萬富翁，但我從經驗得知，每一個成果輝煌的人背後真正的超能力是他們堅定不移的專注力，堅定不移的專注力是一種能力：明確地知道什麼是你最重要的事，並且將你學到的東西化為能量，引導到最重要的事物上，然後堅定不移，無論周遭發生什麼或你的感覺如何，這種能力是成為一個傑出的表演者的關鍵。

專注力是善用時間的另一種方式，就像我們在〈第四堂課：成為超人〉中所討論的優先次序一樣。當你善用專注的力量時，你不會成為超人，但你可以達到近似超人的結果，箇中原因意外地直截了當。

- **堅定不移的專注力能使你更有成效**：有成效並不表示做最多事情，或做事最迅速，它意味著做正確的事，做能推動你朝你的人生目標前進的事。
- **堅定不移的專注力能使你更有效率**：有效率意味著用最少的資源，如時間、能量或金錢做事，每一次你的心偏離你的目標時，你就浪費了這些東西——特別是時間。我們在追求目標時最需要時間，所以，你的專注力動搖的每一刻，你就多損失一刻。

• **堅定不移的專注力能使你有更高的效能：**你要了解，很忙碌並不表示你有高效能。事實上，那些為財務而掙扎的人往往是最忙碌的人。我們常常把忙碌——做一些沒有結果的事，好比察看電子郵件，或洗車，或第十二次重整你這個月的待辦事項——和高效能混淆不清。當你有個清晰的願景，確認你的最高優先，並始終如一地執行對你最有利的行動時，你就會從忙碌轉為高效能，採行我們即將揭示的步驟，你將學會如何養成堅定不移的專注力的習慣，躋身世上最有效能的人之列。

如果你能結合以上這些效益，你會有更大的成就。然而，也許專注的最大價值是：你不會將你的能量分散到你生活中的許多方面，卻得到平庸的結果，你會釋放未開發的潛力，並且改善你的人生。

現在就讓我們把你的「創造早晨奇蹟」化為實際行動。以下是你必須以持之以恆的專注力貫徹你的「創造早晨奇蹟」的四個步驟。

1. 為堅定不移的專注力找尋最好的環境

讓我們從這裡開始：你需要一個支持你堅定不移地專注的環境。它也許是你家中多出來的一間客房，或你家的後院。但無論多麼簡陋，你都需要一個可以凝神專注的地方。

這麼做的部分原因是個簡單的邏輯。如果你的資料分散在各個地方，從你的汽車行李廂到廚房流理台，你不可能會有效率。但更大的原因是，**有一個你能專注的地方，可以養成專注的習慣**。每天同一時間坐在同一張桌子前認真工作，很快你就會發現，只要你在那張椅子坐下，立刻就能進入情況。

如果你經常出差，那麼你的汽車、你的手提箱、你的旅館房間，或偶然路過的咖啡館，都是你專注的地方。養成如何打包和在旅途中工作的習慣，你可以和在辦公室一樣養成絕佳的專注力，當你做好準備，並且總能滿足你的需要時，你就可以在任何地方工作。

2. 清除雜亂，協助你專注

雜亂是專注的殺手，處理它是我們這段探索之旅的下一站，日本收納達人近藤麻理惠（Marie Kondo）的著作《怦然心動的人生整理魔法》（The Life-Changing Magic of Tidying Up），是近十年來最暢銷的非小說之一，這不是沒有原因：清除物質與精神空間的雜亂能激發平靜、積極的心態。

雜亂有兩種：精神的和物質的，這兩種我們都有。我們的腦子常會產生雜念，譬如：**我妹妹的生日快到了，我應該送她一個禮物和一張生日卡**；那天的晚餐聚會很愉快，我必須給主人寄一張謝卡；我必須在今天下班之前回覆我的新客戶的電子郵件。

然後是我們累積的物質東西：一疊疊的紙張、舊雜誌、便利貼、我們從未穿過的衣服、車庫裡的一堆垃圾，小飾品、小物件，以及歲月累積的痕跡。

無論哪一種雜亂都會形成等同濃霧的效果。想要專注，你必須能看到；想要視線清晰，你必須將這些東西從你的腦子取出來，收起來，這樣才能減輕試圖記住它們的心理壓力。接著，你會想清除物質方面的東西。

這裡有個簡單的過程可以幫助你清除這些濃霧，建立專注時所需的清晰度。

- **列出重要的待辦事項清單**：你可能有很多事情還沒有寫下來，就從這些事項開始，把貼在你的書桌、電腦螢幕、行事曆、流理台和冰箱（還有其他地方嗎？）上所有便利貼上寫的雜七雜八的內容都加進去，將這些注記和行動事項放在你的清單上的中心位置，無論那是一本實體日記或寫在你的手機上的清單，這樣你就可以清理腦子裡的儲存區。有沒有覺得好一點？繼續加油；我們才剛開始。

- **清理你的工作空間**：規劃半天（或一整天）的時間整理每一疊紙張，塞滿文件的檔案夾，和裝滿未拆開的郵件的籃子，把不需要的扔掉或撕毀，重要的資料掃描或存檔，在你的日記中寫下需要你關注和不能委託他人代辦的事項，然後從你的時間表中挑一個時段完成它們。
- **清理你的生活環境**：無論什麼地方，盡可能清理你的每一個抽屜、衣櫥、櫥櫃，或其他所有你一看到就感到不平靜和不舒服的空間，這包括你的汽車內部和行李廂，做這個工作可能需要幾個小時或幾天的時間。每天安排一小段時間去做，直到一切都整理完畢。如果你說「我只需要一個週末去整理」，保證你永遠不會開始動手。先挑一個抽屜開始整理，你會驚訝這些小工作是如何累積的，建議你不妨閱讀S. J.史考特（S.J.Scott）與貝瑞・達文波特（Barrie Davenport）合著的《十分鐘清理術：沒有壓力的簡化家居習慣》（10-Minute Declutter: The Stress-Free Habit for Simplifying Your Home）。

把身心整頓好將使你的專注力提高到一個你不敢置信的水平。它會讓你的精力只專注在重要的事情上。

3. 防止干擾

除了經營我的核心業務之外，我還要寫這本書，而且我已結婚有了孩子。你可以想像，我的時間對我來說非常重要，我相信你也一樣。

為了避免分心，確保我的注意力專注在我手上的任務，我的手機幾乎都設定在「勿擾模式」。它會阻擋所有打進來的電話、簡訊，或電子郵件和社群媒體的訊息通知，這個簡單的動作可以大幅提高我每天的生產力和專注手頭任務的能力。我建議你根據你的時間表，而不是其他人的時間表，在預設的時段回覆電話與電子郵件。

你可以將相同的理念和策略應用在任何通知、提醒，和／或社群媒體更新，以及你與同事、員工，甚至客戶的會面。「勿擾模式」不只是設定在你的手機上，你也可以讓你的團隊知道你什麼時間有空，以及什麼時間他們不能打擾你。

4. 為堅定不移的專注力奠定基礎

一旦確認你需要專注的地方，並開始整頓你的生活，你應該會從清除心中的迷霧而體驗到專注力顯著提高。

現在是把專注力提高到一個新的水平的時候了。我用三個問題來提高我的專注力。

- 我需要持續做什麼（或做更多）？
- 我需要開始做什麼來加速成功？
- 我需要立即停止做什麼使我無法提升水平的事？

如果你能回答這三個問題，並依著答案去做，你會發現一個難以置信的全新的生產力水平，現在讓我們來詳細檢視每一個問題。

✓你需要持續做什麼（或做更多）？

讓我們面對事實：並不是所有方法與策略都是平等的，有些策略的效果比其他的好，有些用一陣子之後效果就變差了，有些策略甚至使事情更惡化。

現在，你正在做的許多行為可能都是正確的，而且當你閱讀後面的章節時，你會一直點頭，如果你已經知道你正在做的這些事都是可行的，那就寫下來。也許你已經在使用「勿擾」功能，或者你早就在鍛鍊身體，一天比一天感覺更好，那就把它列入「持續做」的清單上。

要確保你選擇的東西有助於提高你的整體成功；確保你正在做的行為直接促使你更成功，考慮一下80／20法則（原名「帕雷托法則」Pareto principle），意思是我們大約有百分之八十的結果來自我們百分之二十的努力，你有哪些百分之二十的行為影響著你的百分之八十結果？維持你喜歡做的事很容易，但這是現實問題——你必須確認你正在做的行為直接影響你正在進行的業務，以及你存放在銀行帳戶內的資金。

在本章結束時，你將有機會在你的日記中寫下你目前正在進行的活動（希望其中包括你已開始實踐的「挽救人生六法」）。清單上的一切都是你正在持續做的事項，直到你有更有效的策略來取代它們。

對於這張清單上的每一項「持續做」的行為，你一定要誠實以對，確保你必須做更多（換言之，就是你現在仍做得不夠）。如果它是你認為應該做，但它不能推動你向重要目標邁進，它就不屬於這張清單。這裡的目標不是追求完美，讓自己工作過量最終是無益的，而且會使你的專注力偏離重要事項。

持續做有效的事，你想達成多少目標，就多做一些有效的事。

✓你需要開始做什麼？

一旦你已掌握什麼策略對你有效並決心做更多，這時候就要決定你還能做什麼來加速你的成功。

這裡有幾個最好的建議可以幫助你啟動幫浦開始行動。

- 按照〈第三堂課：你的飛航計畫〉中所討論的，檢討你的創造財富的目標和計畫。
- 了解你每一天和每一週的財務狀況——包括你的個人財務和任何商業行為。
- 定期運動。
- 採用能提供你能量並協助你維持良好健康的飲食。
- 按照「能源規劃」那一章所述，養成良好的睡眠與休息習慣。
- 思考一下，你有沒有做什麼會直接影響你的收入或商業利潤的行為。
- 籌劃你第一次或下一次任用新雇員。這可能是一位個人助理、虛擬助理，或實習生。你應該明白，雇用人員幫忙做事讓你得以有更多時間，這是一種投資，不是消費。
- 建立你的基本時間表：規劃有時段與日期的理想的一週常態時間表，如同〈不怎麼明顯的百萬富翁原則1：自我領導〉中所述。

我要提醒你，不要因此而感到不知所措。記住，羅馬不是一天造成的。你不需要在明天以前就確認五十八條行動事項並開始實施。每天在你的「創造早晨奇蹟」時段寫日記的好處是，你可以掌握你想做的一切，然後一次一個或兩個，把它們加入你的成功工具箱，直到它們成為你的習慣，漸進式的改進有一種神奇的累積效果。

✓你需要停止做什麼？

現在，你可能想增加幾個事項開始做了，如果你仍懷疑你可以從哪裡找出時間，這也許是你最喜歡的一個步驟。現在是你放下你一直在做的事，導致你沒有時間做其他事的時候了。

我相信你會結束許多「如果不做能讓你鬆一口氣」的日常活動，並感謝其他的代理人，感謝自己可以完全鬆手。

何不停止：

- 吃不健康、消耗能量、會耗損你的生命力與動機的食物？
- 做沒有必要做的家事？
- 立即回覆簡訊和電子郵件？
- 接電話？（讓它轉接語音信箱，等你有空時再回覆。）
- 閱讀社群媒體網站的文章，並在上面發文？
- 一天看好幾個小時的電視節目？

• 打擊自己，擔心你不能改變什麼？
• 做重複性的工作，譬如繳交帳單、一週買好幾次雜貨，或甚至打掃房屋？

或者，如果你想以一個簡單的步驟大幅提高你的專注力，不妨嘗試這個簡單的解決方法：不要像一隻訓練有素的海豹，停止回應電子裝備的鈴聲。你真的需要簡訊、電子郵件和社群媒體的每一個通知嗎？我不認為。進入你的手機、平板及電腦的設定欄，將所有的通知都關閉。

科技的存在是為了提供你利益，你可以在這方面掌控它。你多久察看一次你的手機訊息、簡訊和電子郵件，可以由你自己決定，也應該由你自己決定。讓我們面對事實：我們大多數人的工作，都不是如果不立即回電話、簡訊或電子郵件就會引發生死攸關的嚴重事件。除了重要的其他人和子女之外，我們不需要一年三百六十五天、每週七天、每天二十四小時都立即可以聯絡得到。事實上，大多數智慧型手機現在都可以對來電設定靜音，除了你預先設定的個人（如你的家人）之外，另一個有效的替代方案是：在一天當中安排一個時段察看有什麼事情發生、有什麼事需要你立即關注，以及你可以把什麼事項納入你的時間表或主要的待辦事項，以及什麼事項可以被刪除、忽略或遺忘。

✓有關堅定不移的專注力的最後幾句話

專注力就像你長期鍛鍊的一塊肌肉，與創造財富有直接關係的肌肉。我認識的每一個百萬富翁都已培養專注的能力，而那些仍無法專注的人不僅要練習技巧去改善它，還必須請人協助它們保持在正軌上，在他們最需要的時候能不分散注意力。

和任何肌肉一樣，你必須展現並努力練習，讓你的專注力漸漸提升。如果稍有遲滯就要減少一些鬆懈，繼續努力向前，它會越來越容易。你可能需要花時間去學習專注，但天天練習它就會越來越好。最終目的是成為一個能專注的人，但這得從你先如此看待自己開始，我建議你在你的肯定中加入幾句話，承諾你每天會堅定不移地練習培養專注力。

大多數人發現他們每天花在重要的相關行為上的時間有多麼少時，都會感到震驚。從今天，或者從現在起二十四小時內，規劃六十分鐘專注在你最重要的一個任務上，你不僅會為你的生產力，也會為它帶給你的自信感而驚訝。

現在，你已為你的成功兵工廠增加一些不可思議的行動事項和專注領域。完成以下步驟後，進入下一個部分，我們將加強你的創造財富技能，以你過去可能沒聽過或沒想過的方式，將它們與「挽救人生六法」結合！請記住我們在本章中討論的堅定不移的專注力的重要性，以及在生活中提高專注力的方法。

✔ 堅定不移的專注行動

第一步：選擇或安排你的理想環境，支持你堅定不移的專注力。如果你在公共場所工作，譬如咖啡館，最能專注，你就規劃一個時段在星巴克內工作，如果你是在家工作，請實施下一步。

第二步：整頓雜亂的身心。先規劃半天時間清理你的工作場所，然後以「大腦轉存」（brain dump）的方式清理你的心，卸載不時在你的腦子裡浮動的所有瑣碎的待辦事項。建立主要的待辦事項清單，無論是在你的電腦上，或你的手機上，或你的日記本。

第三步：將你的手機設定在「勿擾模式」，並且讓你的影響圈知道，在你專注的時段不要打擾你，這樣可以保護你——關閉通知，免受自己與他人的干擾。

第四步：建立堅定不移的專注事項清單。拿出你的日記簿，或打開你的手機或電腦上的筆記本，然後建立以下三種清單：

- **我需要持續做什麼（或做更多）**
- **我需要開始做什麼**
- **我需要停止做什麼**

把你想到的每一件事情寫下來，檢查你的清單，決定哪些活動可以予以自動化、外包，或委派他人去做，你要花多少時間在最重要的事業成長與創造收入的活動上？重複這些問題，直到你對你的流程十分清楚，然後開始規劃你每天的時段，這樣你才能把近百分之八十的時間都用在能產生結果的任務上，其他瑣碎的事就委派他人去做。

現在你已經很能掌握如何將你的「挽救人生六法」和你的工作及個人生活結合，使它能觸及你的生活各個領域。無論你是否是百萬富翁，每天早晨撥出時間練習，讓這些不太明顯的百萬富翁原則發揮作用，你將開始茁壯成長。

現在該是仔細研究百萬富翁的屬性，以及早晨能如何幫助你將它們帶進你的生活的時候了。

百萬富翁的早晨

運動健身品牌 Onnit 執行長奧伯瑞．馬可斯（Aubrey Marcus）每天早晨起床後，先用二十分鐘，以水、光和運動展開他的一天。

他在他著作的暢銷書《擁有一天，擁有你的人生》（Own the Day, Own Your Life）中敘述，他每天早晨起床後先喝一杯他的「早晨礦物飲」，補充睡覺時失去的水分與礦物質。飲料的配方是：12盎司（約 350c.c.）過濾水、3公克海鹽，和1／4個檸檬汁。

接著，他讓自己暴露在藍光中調節他的晝夜節律。方式是直接來自太陽光，或者從藍光裝置，如 Valkee's Human Charger。

最後，他用一分鐘時間活動他的身體，藉以喚醒他的內部系統，使他一整天都能有最好的表現。

第十三章

三十天創造早晨奇蹟的挑戰

在一個月內養成任何習慣的三階段策略

「生命太短暫」這句話常被人引述，幾乎已成為陳腔濫調，但這是真的。你沒有足夠的時間不快樂與庸庸碌碌過一生，這不僅毫無意義；而且帶來痛苦。

——賽斯．高汀（Seth Godin），《紐約時報》暢銷書作者

讓我們暫時扮演魔鬼的代言人。「創造早晨奇蹟」能在短短三十天內轉化你的人生或事業各方面嗎？有任何東西能如此迅速產生重大的影響嗎？

首先，仔細想想，它已對成千上萬人都有效。如果對他們有效，對你也會有效。融入或改變任何習慣確實需要一段適應期，所以不要期待它從第一天起就毫不費力。然而，如果你對自己承諾堅持下去，從每一天練習「創造早晨奇蹟」與「挽救人生六法」，它很快就會成為你培養習慣的基礎，使所有其他改變都成為可能。記住：你贏得早晨，你就會設定自己去贏得這一天。

當你要改變一個習慣時，頭幾天似乎難以忍受，但這是短暫的現象，雖然關於「養成新習慣所需時間」的爭議很多，但成千上萬人已學會如何克服鬧鐘的貪睡鈕，現在每天都能為「創造早晨奇蹟」而醒來，他們都可以為以下的三階段策略作證。

✔從難以忍受到停不下來：三十天內養成任何習慣的三階段策略

以下策略，可以說是在短短三十天內學習與保持一種新習慣，最簡單與最有效的策略，它會提供你建立新作息的心態和路線圖。

第一階段：難以忍受（第一天至第十天）

任何新的行為都需要在剛開始時更刻意努力，早起也不例外。在第一階段，你要對抗你已行之多年的早晨習慣，這需要一點意志力。

在這個階段，心態比事情更重要——如果你不在乎，那當然有關係！每天早上按下貪睡鈕起不來的習慣，正是使你無法成為你一直知道你可以成為的超級巨星的壞習慣。所以，發掘它，然後堅持下去。

當你和現有的模式及有限的信念對抗時，你同時也會發現自己是有能力的。你必須堅持下去，對你的願景保持承諾，並堅持到底。當我和其他成千上萬新的早起者說你可以做到時，請相信我，也相信他們。

我從經驗中得知，當你在第五天意識到你還有二十五天才能轉化成一個真正早起的人時，你會感到氣餒。但請記住，在第五天，你的第一階段已過了一半，你順利地進行。記住：你最初的感覺不會永遠持續下去。你有責任堅持不懈：很快你就會得到你想要的結果，成為你一直都想成為的那個人！

第二階段：不舒服（第十一天至第二十天）

歡迎來到第二階段。你的身、心開始適應提早起床，你會發現起床比先前容易一點，但還沒有成為習慣——你還不是你想成為的那個人，而且你可能還覺得不太自然。

在這個階段，最大的誘惑是以休息來獎勵自己，尤其是在週末。但星期六和星期日休息睡懶覺只會使你在星期一感到更加困難，特別是剛開始培養習慣的時候。

「創造早晨奇蹟」社群常提出一個問題：「你一週有多少天早起修習你的『創造早晨奇蹟』？」最常見的答案幾乎都是：我剛開始時週末休息，但是當我在第一個星期六和星期日早上晚起時，我感覺我好像浪費了一個本來會有成效的創造奇蹟的早晨，所以，現在我天天練習。

最終，做的時候就不會感到有壓力了，你要做對你有利的事，並專注在進步上，而不是追求完美。

第二階段最好的地方是第一階段過去了。你已通過最困難的階段，請繼續努力。為什麼要休息一、兩天，然後再重新去經歷第一階段呢？相信我，你不會願意。所以，不要這樣。繼續堅持下去，保持承諾。

第三階段：停不下來（第二十一天至第三十天）

現在，早起不僅是你的習慣，而且它已成為你和你的身分的一部分。你的身體與心靈都已習慣你的新的生活方式，接下來十天對於鞏固你自己和你的生活習慣十分重要。

當你進行「創造早晨奇蹟」時，你會對這三個改變習慣的明顯階段產生決斷，這意味著你現在可以確認並採用任何適合你的習慣，包括我們在本書中為你介紹的百萬富翁的早晨習慣。

既然你已學會在三十天內，成功地養成並維持任何新習慣的最簡單與最有效的策略，你應該知道在三十天內完成「創造早晨奇蹟」的挑戰所需的心態和方法，你需要的只是承諾開始執行並持續做下去。

思考它的報酬

當你承諾接受三十天轉化生命的「創造早晨奇蹟」的挑戰時，你已為你往後的人生各方面奠定成功的基礎。因為每天早晨起來修習「創造早晨奇蹟」，你已開始以超凡的紀律（使自己履行承諾的重要能力）、清晰度（從專注最重要的事而產生的力量），和個人的培養（這也許是決定你的成就的最重要因素）展開每一天。在接下來的三十天內，這個基礎將幫助你成為創造出你想要的個人、專業及財務成就的那個人。

你也會把「創造早晨奇蹟」從一個也許是興奮（可能還有點緊張）的概念，轉變為「嘗試」使它成為一個終生的習慣，持續把你自己培養成創造你想要的人生所需的那個人。你會開始發揮你的潛力，並看到你的生命遠遠超越過去經驗的結果。

除了培養成功的習慣之外，你還會培養改善你的人生所需的心態——內在的，與外在的。每天修習「挽救人生六法」，你會體驗到靜心、肯定、觀想、運動、閱讀及書寫所帶給你的身體、智能、情緒及心靈上的諸多利益，你會立即感覺壓力減輕，更能集中精神、更專注、更快樂，並且對你的生命感到喜悅。你會有更多能量、明晰及動力，朝你的最高目標與夢想（特別是你拖延了很久的那些目標與夢想）勇往直前。

記住，當你把自己培養成能改善你的人生的那個人之後——只有在「之後」，你的生命才會改善。這就是未來三十天之後的你的生命，一個嶄新的開始和一個嶄新的你。

✔你可以做到！

如果你感到緊張、猶豫，或擔心你是否能堅持三十天，放心，這種感覺完全正常，如果你過去認為早晨起床是一件極困難的事，這種感覺會格外真實。事實上，有點猶豫或緊張不僅正常，而且還是個很好的跡象！它顯示你已準備作出承諾；否則你不會緊張。

以下是開始執行的步驟。

第一步：取得創造早晨奇蹟三十天轉化生命挑戰的快速啟動工具包

請到 www.TMMBook.com 網站免費下載「創造早晨奇蹟三十天轉化生命挑戰的快速啟動工具包」（Miracle Morning 30-Day Life Transformation Challenge Fast Start Kit）——內有完整的運動、肯定、每日檢查表、追蹤表，以及輕鬆展開與完成「創造早晨奇蹟三十天轉化生命的挑戰」所需的其他一切配套元件，請你現在就花一分鐘做這件事。

第二步：明天就開始規劃你的「創造早晨奇蹟」計畫

如果你還沒有開始，請你盡快下決心（並安排時間）開始「創造早晨奇蹟」，最好是明天。是的，把它列入你的時間表，然後選定練習的地點。記住，建議你早晨醒來後盡快離開你的臥房，遠離使你又倒回床上睡覺的誘惑。我每天的「創造早晨奇蹟」地點是我家的客廳沙發，因為這時候其他家人都仍在沉睡中。我聽說有些人坐在戶外，在大自然中進行他們的「創造早晨奇蹟」，例如他們家的門廊或陽台，或附近的公園。你可以在你感到最舒適，同時又不會被干擾的地方練習。

第三步：閱讀「快速啟動工具包」的第一頁，然後開始練習

詳閱「創造早晨奇蹟三十天轉化生命挑戰的快速啟動工具包」的導言，然後請隨著指示完成練習。和生活中的其他任何事一樣，想成功地完成「創造早晨奇蹟三十天轉化生命的挑戰」也需要一點準備，按照「快速啟動工具包」展開初步練習（應該不會超過一個小時）十分重要。請記住，你在進行「創造早晨奇蹟」之前，都必須在前一天的白天或夜晚，在心理、情緒及後勤方面先作好準備，準備工作包括本書〈第二章〉中所提的「五個防止貪睡的起床策略」。

建議：找一個責任夥伴

成功與責任兩者的相互關係不容否認，雖然大多數人會抗拒承擔責任，但有一個能使我們提高標準的人會有幫助，我們都能從責任夥伴的支持而獲益。我強烈建議——但不是絕對需要，你在你的影響圈內（家人、朋友、同事、重要的他人等等）找一個人，邀請他們加入，和你一起修習「創造早晨奇蹟三十天轉化生命的挑戰」。

有個人督促我們盡責，可以提高我們繼續做下去的勝算，而且多一個人加入，力量會更強，也會增加許多樂趣！當你對某件事感到興奮，並承諾自己去做時，這種興奮和你個人的承諾會有一定程度的力量，然而，當你的生活中還有其他人——朋友、家庭成員，或同事，也和你一樣樂意並承諾去做時，它的力量會更強大。

今天就打電話、發簡訊，或傳送電子郵件給一個人或更多人，邀請他們加入，和你一起展開「創造早晨奇蹟三十天轉化生命的挑戰」，展開行動最快的方式是請他們連結 www.MiracleMorning.com 網站，這樣他們就可以立即免費獲得「創造早晨奇蹟快速啟動工具包」，包括：

- 免費收看「創造早晨奇蹟」訓練影片
- 免費收聽「創造早晨奇蹟」訓練音檔
- 免費閱讀兩個章節的《上班前的關鍵一小時》（The Miracle Morning）

這些都不用花錢，你還可以和志同道合的人共同將生命提高到另一個層次；兩人互相提攜、互相鼓勵，成為彼此的責任夥伴。

重點：不要等到你找到一個責任夥伴才展開「創造早晨奇蹟三十天轉化生命的挑戰」。無論你有沒有找到人和你一起踏上這段旅程，我都建議你安排時間，無論如何，明天就開始展開你的第一次「創造早晨奇蹟」練習。不要等待。如果你已經有幾天的經驗，你甚至更能夠激勵他人和你一起練習「創造早晨奇蹟」。現在就開始，然後盡可能找一位朋友、家人，或同事造訪 www.MiracleMorning.com 網站，領取免費的「創造早晨奇蹟快速啟動工具包」。

這樣一個小時之內，他們不僅能成為你的「創造早晨奇蹟」責任夥伴，甚至還能被啟發，去改善他們的生命。

✓你準備好提升你的生命了嗎？

你的個人或職場生涯的另一個層次是什麼？你必須改變哪些地方才能達到那個層次？你可以送自己一個禮物，只要投入三十天，一天一次，你就能大幅度改善你的人生，無論你過去是什麼狀況，你都可以藉著改變現在來改變你的未來。

結語——交換

每一個成功的故事都是一個不斷適應、修正和改變的故事。

——理查·布蘭森（Richard Branson），億萬富翁，維珍集團創辦人

剛開始進入職場時，很多條件我都不具備，簡單列舉如下：

- 財富
- 追求目標
- 積極主動
- 有條理
- 生產力
- 早起

我還可以舉出更多，但重點是：年輕時，我一點也沒有成為百萬富翁的理想定位。當我回顧年輕時候的我時，總有一種奇怪的滑稽與詫異的感覺。有時看著我現在

的生活，會很難相信那是同一個人。

例如，年輕時的我絕不會在早上鬧鐘響以前醒來——更別提在太陽出來以前！年輕時的我也絕不會在醒來後立刻坐下來進行我的「挽救人生六法」。

乍看之下，同樣地這個年輕人似乎也絕不會變得非常富有。

但我做到了，我成為富豪，和我今天早上做了「挽救人生六法」一樣明確無疑。

檢查現實

對於那些想知道的人：我沒有一年三百六十五天都熟練地執行完美的「創造早晨奇蹟」。我不是個早起的忍者或超級大師，我只是個對於改善自己有濃厚興趣的人。

我一年中可能會有一百天認真執行我的「理想」作息，其他時候我會有一些變動，例如：縮短「創造早晨奇蹟」。有時事情發生，我甚至無法進行「創造早晨奇蹟」；還有些時候，當我在深夜終於可以上床睡覺時，我會感覺那簡直是一個奇蹟。

但在那些日子裡，我也會提醒自己一個容易忘卻的事實：日子是脆弱的東西。如果我無法控制早晨，往往就無法控制那一天，事情會像滾雪球般，我的心情和活力改變了，我會趕不上、也感受不到當我以我的方式，在一個平和與控制的空間展開這一天時所獲得的寧靜感。

我不喜歡那種失去一天的感覺。畢竟，我有多少個一天？我不知道，但我知道我們的日子會比我們希望擁有的更少。

於是，在事情似乎分崩離析的那一天，我會閉上眼睛告訴自己，明天早上會不一樣。你知道嗎？它通常會不一樣。那個提醒，每一天、每個早晨、每個生命，都是脆弱的東西，足以使我回到我的「創造早晨奇蹟」，在那個時刻，我的狀態最好。

重點是：你不必十全十美。事實上，你甚至不應該嘗試做到十全十美，你應該做的是努力讓自己變得更好，持續改善你的「創造早晨奇蹟」的質與量，每天都進步一點點。

它就像複利一樣，最後會累積成龐大的數量。

你的財富之旅

如果你還不清楚底線，我再重複一遍：你不會僅僅早起就成為百萬富翁。很多勤勞的人一輩子都早起，卻連自己的房子都買不起，早起不會比在銀行開戶更能保證你擁有財富。

然而，「創造早晨奇蹟」可以；「挽救人生六法」可以；本書中介紹的建立富豪心態的策略可以；這些都可以。

理由如下。

創造財富是一段旅程，聽起來也許是陳腔濫調，但這是真的。很少有人一夜致富，而那些一夜致富的人往往承受極大的痛苦。最能持久、最能享受的財富來自一段旅程——一段時間的歷程。

這段旅程上有一些明顯的指標——如：開創事業或購買可供出租的房地產，或學習管理與利用你的資金，但這些指標只是一種更深層的東西的表面跡象，它們是**個人成長**的有形的指標。

看看你想要的一切，但我不相信你能找到一個不曾自我培養又白手起家的百萬富翁。他們都曾經踏上和你一樣的旅程：自我改進與學習之旅。當我回顧年輕時的我時，我明白，他當然和現在的我仍是同一個人，只是我變得更好了。

當我回顧我展開財富之旅迄今的這些年時，我明白我已完成一次交換。我已將過去的我——喜歡睡懶覺和拖延的我，換成一個新的我。內在依舊相同，但我已換成一個更新的模式，多年前的那個我有許多要學習的東西，感謝早晨的力量，我才能夠去學習，我才能夠放棄過去的自己，換來一個我想成就的自己。

簡而言之，這就是為什麼「創造早晨奇蹟」可以的原因：因為它給你時間和創造一個更好的你的過程。它使你得以將現在的你，換成你可以成為的那個人。

早晨是最好的平衡器，我們都有不一樣的實力，我們都有不一樣的才能、背景、優點和缺點。但我們共有的是：每個人的每一天都有一個早晨，只要你還活著，不氣餒，你就會有一天，一個早晨。

這些早晨能幫助你創造你夢寐以求的人生，或者你可以在睡夢中錯過你的人生。這個抉擇在你。

幸好明天早晨不遠了，你會選擇什麼？

祝你幸福、健康與富有。

——大衛・奧斯本

外一章

奇蹟方程式

哈爾・埃爾羅德

生活的方式只有兩種，一種是認為沒有奇蹟，另一種是把一切都當作奇蹟。

——阿爾伯特・愛因斯坦（Albert Einstein）

現在你了解你可以早起，保有非凡的能量水平、引導你的專注力、掌握大衛・奧斯本指導的百萬富翁必修課程。如果你把以下的東西應用在你的生活各方面，你會走得更遠，你會創造真的不同凡響的人生。

你還可以在你的工具包內增加一個有用的工具，協助你快速改變，這個工具叫「奇蹟方程式」（The Miracle Equation）。

「奇蹟方程式」是我用來充分發揮我一人身兼銷售人員、朋友、配偶及家長等多重身分的潛力的基本策略，它和你如何掌握你的目標有關。我的一位良師丹・卡塞塔（Dan Casetta）告訴我：「設定目標的目的不在於達成目標，真正的目的是把你自己培養成可以達成你的目標的那個人，無論你是否達到那個特定目標，你要成為能獲得你希望擁有的一切的那個人，直到最後一刻，這才是最重要的。」

當你決心堅持一個看似無法達成的目標時，儘管失敗的可能性很高，但你會變得格外專注、忠誠，並充滿企圖心。當你的目標雄心萬丈時，它需要你努力把自己培養成那個達成目標的人！

✔兩個決斷

和任何重大的挑戰一樣，你需要作達成這個目標的相關決策，你可以設定一個截止日期，然後問自己：「如果我要在截止日當天達成目標，我必須先作什麼決斷與承諾？」然後設定你的待辦事項清單和日程。

然後你會發現，無論什麼目標，這兩個決斷的影響都是最大的，它們是形成「奇蹟方程式」的基礎。

第一個決斷：堅定不移的信念

在我的生命中曾經有一段時間，我嘗試達到一個不可能的銷售目標，雖然這個實例來自我的商業經驗，但我會告訴你如何應用在任何情況，那是一段充滿壓力的時期，我面對內心的恐懼和自我懷疑，但我對這個目標的思考過程，使我得到一個重要的領悟：為了達到看似不可能的目標，我必須每天保持堅定不移的信念，無論結果如何。

我知道有些時候，當我距離目標太遠，似乎不可能再實現時，我會懷疑自己。這時候，我就必須以堅定不移的信念克服自我懷疑。

為了在這些挑戰時刻保持信心，我會複述我的「奇蹟真言」：

無論如何，我要＿＿＿＿＿（達成我的目標），沒有其他選擇。

要知道，保持堅定不移的信念不是一般人可以做到的，大多數人都做不到，當想要的結果似乎不可能實現時，一般人都會放棄可能的信念。當比賽進行到最後，一支球隊分數落後，只剩下幾秒鐘比賽即將結束時，表現最佳的球員——如球王麥可．喬丹會毫不猶豫地告訴他的隊友：「把球傳給我。」

其他隊友都鬆一口氣，因為他們從擔心差一個得分球的恐懼中獲得解脫，而麥可．喬丹雖然有可能失分，但在他生命中的某個時刻，仍決斷地保持堅定不移的信念（麥可．喬丹在他的職業籃球生涯中有二十六次因為投籃失誤而未能贏得比賽，但他堅信他每一次投籃都會中的信念始終沒有動搖）。

這是每一個成功的人所作的第一個決斷，也是你要作的決斷。

當你朝著一個目標努力但沒有上軌道時，首先從你的視窗消失的是什麼？——「你想要的結果可能實現」的信念。你的內心獨白會轉向負面：我沒有上軌道，我可能不會達成我的目標，你的信心每一刻都在逐漸減少。

你不必向它妥協，不管發生什麼，無論結果如何，你都有能力，而且可以選擇保持堅定不移的信念，這是創造財富的關鍵，因為結果往往不是你可以直接控制的，你也許會懷疑你自己，或者遇到工作或事業上的瓶頸。在最黑暗的時刻，你甚至會懷疑是否一切都會好轉。但你必須找到你的信念——一次又一次，相信一切都有可能，並且在整個旅程中都保持這個信念，無論它是為期三十天的銷售目標，或是長達三十年的事業。

了解你在累積財富中所扮演的角色，和其他成就卓越的職業有直接關係，這點非常重要，因為它們是平行的，無庸置疑。如果你不花時間去觀察它們的相似之處，你會發現你關注的都是失敗的路徑，沒有專注在成功上。

優秀的運動員保持堅定不移的信念，相信他們每一次投籃都會成功，這個信念，你必須培養的信念不是以概率為根據，它來自一個完全不同的地方，大多數銷售人員根據所謂的平均率操作，但我們現在談的是奇蹟定律。當你一次又一次投籃失敗時，你必須用世界級運動員告訴他／她們自己的話來告訴你自己：無論如何，我下一次仍要投籃，沒有其他選擇。

如果你那次投籃失敗，你的信念不會動搖，你會對自己複述那句「奇蹟真言」：

無論如何，我都會＿＿＿＿＿＿（插入你的目標），沒有其他選擇。

然後你信守承諾，做你說你要做的事。

一個優秀的運動員可能經歷有史以來最糟糕的比賽，在比賽的前三節時間內都無法投籃挽救他們的命運，但在比賽進行到第四節，他們的隊友需要他們時，他們開始投籃。他們會一直要求把球傳給他們；他們永遠相信自己，並保持一貫的信念，到了最後一節比賽時，他們投籃所得的分數是前三節比賽得分的三倍。

為什麼？因為他們已習慣於對自己的才華、技術和能力保持堅定不移的信念，無論計分板上或他們的統計表上說什麼。

他們還會將堅定不移的信念與「奇蹟方程式」的第二部分——超乎尋常的努力——結合。

第二個決斷：超乎尋常的努力

當你容許你的信念離開你的視窗時，接踵而來的幾乎總是努力。畢竟，你告訴自己，如果不可能達成目標，努力又有何用？於是，你忽然發現自己開始懷疑你如何才能擺脫負債，或甚至收支平衡，更別提實現你一直在努力的大目標。

我曾經有過幾次經驗，內心感到洩氣，心想：努力又有何用？你也許還會想：我不可能成功，我的財務狀況正朝著錯誤的方向發展。

這時超乎尋常的努力就要上場了，你必須專注在你原來的目標上，並且和你那個目標的願景——你最初設定那個目標時，內心當中那個最大的原因連結。

你要對這個目標作逆向思考，問自己：如果到了這個月底，這個目標即將實現，此時我應該怎麼做？我需要做什麼？

無論答案是什麼，無論結果如何，你都要保持一致和堅持不懈，你必須相信你到最後仍然可以敲響成功的鐘聲，你必須保持堅定不移的信念和超乎尋常的努力，直到鐘聲響起，那是你創造奇蹟的唯一方法。

如果你做一般人做的事——人類天生的本性叫我們去做的事，你的結果就是：一般。不要選擇做一般人！記住：你的想法和行動創造你的結果，它們會成為一個自我實現的預言，所以你要明智地掌控它們。

現在，容我向你介紹你的優勢，這個策略將確保你的每一個目標都能實現。

奇蹟方程式

堅定不移的信念＋超乎尋常的努力＝奇蹟

它比你想像的更容易，保持堅定不移的信念的秘訣是：你要認識到它是一種心態和一種策略——它不是具體的。事實上，它難以捉摸，沒有一個銷售人員每次都能完成銷售，你不可能每次投籃都中，你也不可能在事業或工作上，或家庭的每一場戰鬥中都獲勝。所以，你必須設定自己保持堅定不移的信念，驅使你無論結果如何都一直努力下去。

記住，執行這個方程式，在自我懷疑時仍繼續保持堅定不移的信念，關鍵是「奇蹟真言」：

無論如何，我都要＿＿＿＿＿，沒有其他選擇。

一旦設定目標後，你要把這個目標納入「創造早晨奇蹟」的格式中。是的，你要每天早晨複述你的肯定（或許每天晚上也複述一遍），但每一天，你一整天都要對自己重複你的「奇蹟真言」——開車送孩子上學，搭火車上班，在跑步機上跑步，淋浴，或在雜貨店排隊結帳時。換句話說，無論何時何地。

你的「奇蹟真言」將會鞏固你的信念，它是促使你再試一次，一次又一次努力的內心獨白。

外加一堂課

還記得我從我的良師丹．卡塞塔學到的設定目標的用意嗎？你必須成為那個能達成目標的人，你不會總是能達成目標，但你可以成為一個保持堅定不移的信念，無論結果如何都會付出超乎尋常的努力的人。那是你實現你始終堅持的目標必須成為的那個人。對你的子女而言，這是一個多麼偉大的榜樣！

雖然達成目標幾乎無關緊要（幾乎！），但你往往會達成你的目標。那些一流的運動家每一次都獲勝嗎？不盡然。但他們大部分時候都能獲勝，你也會大部分時候都能獲勝。

你可以提早起床，以滿腔熱情與興奮感修習「挽救人生六法」；有條理、有專注、有意圖；並且像一個成功者那樣掌握每一個財務上的挑戰。但是，如果你不結合堅定不移的信念與超乎尋常的努力，你不會達到你想要的成功水平。

「奇蹟方程式」能使你獲得任何人都難以置信的力量，並善巧利用一種我稱之為神、宇宙，或吸引法則的能量。我不知道它是如何運作的；我只知道它有效。

你已讀到這裡，顯然你想獲得成功勝過其他一切，你要承諾貫徹實施你的百萬富翁之旅的每一個策略，包括「奇蹟真言」，你值得成為百萬富翁，我希望你成為百萬富翁！

✓付諸行動

1. 寫出「奇蹟方程式」，擺在你每天都會看到的地方：堅定不移的信念＋超乎尋常的努力＝奇蹟（UF＋EE＝M∞）
2. 確認你這一年的財富之旅的第一個目標，什麼目標（如果你完成它）會讓你更接近你的理想人生？
3. 寫下你的「奇蹟真言」：無論如何，我都要＿＿＿＿（在這裡插入你的目標和日常行動），沒有其他選擇。

更重要的是你在這個過程中成為什麼樣的人。你會提升你的自信心，並且無論結果如何，在下一次嘗試達成一個目標，以及一次又一次嘗試時，成為賦予你一切成就的那個人。

尾聲

恭喜！你已做到只有少數人才能做到的事：讀完一整本書。如果你已讀到這裡，這顯示一件事：你渴望得到更多。你想獲得更多成就、做更多、貢獻更多，並且賺入更多財富。

你得到前所未有的機會，在你的日常生活和事業中融入「挽救人生六法」，提升你的日常作息，最終將你的生命提升到超越你的最大夢想。你將會在不知不覺中獲得那些最高成就者從日常習慣中得到的巨大利益。

從現在開始五年之後，你的家庭生活、事業、人際關係和收入，都將是你做這件事——你成為什麼人的直接結果。每天醒來，致力於利用你的時間使你成為最佳的你，這個決定權在於你自己。及時抓住這一刻，為你的將來確立一個願景，然後利用你從本書學到的東西，將你的願景變為事實。

想像短短幾年之後，你重溫看完這本書之後開始書寫的日記。看到你寫在日記中的目標——當年你不敢大聲說出的夢想。然後，你環顧四周，你的夢想就是你現在的生活。

現在，你站在一座你可以毫不費力攀爬的山腳下，你需要做的只是繼續每天為「創造早晨奇蹟」而醒來，修習你的「挽救人生六法」，日日、月月、年復一年，持續使你自己、你的家人和你的成就超越過去的水準。

將你的「創造早晨奇蹟」和你的承諾融合為一，掌握創造財富的課程，利用「奇蹟方程式」來創造大多數人只能夢想的結果。

寫這本書的目的，是為了傳達我們知道對你有用的東西，它能將你的人生各方面提升到另一個層次，比你目前認為可能的更快實現。那些有神奇表現的人都不是天生如此——他們是將生命奉獻在培養他們自己和他們的技能上，從而實現他們想要的一切。

我保證，你也可以成為這樣的人。

✔採取行動：三十天創造早晨奇蹟的挑戰

現在是你加入成千上萬的人，透過「創造早晨奇蹟」來轉化人生的時候了。今天就加入 TMMBook.com 的網路社群，下載工具包並立即展開行動。

線上檢索

理查・布蘭森（Richard Branson）

https://virgin.com/richard-branson/why-i-wake-up-early

雅莉安娜・哈芬登（Arianna Huffington）

https://mymorningroutine.com/arianna-huffington/

霍華・舒茲（Howard Schultz）

https://bloomberg.com/news/articles/2012-04-12/how-to-make-coffee-at-home-howard-schultz

史蒂夫・賈伯斯（Steve Jobs）

http://independent.co.uk/news/business/news/from-steve-jobs-obama-jeff-bezos-mark-zuckerberg-how-8-of-the-world-s-most-successful-people-start-a6686466.html

戴蒙・約翰（Daymond John）

https://medium.com/personal-growth/how-to-plan-your-ideal-year-2d12ff073467

歐普拉・溫芙蕾（Oprah Winfrey）

https://inc.com/bryan-adams/6-celebrity-morning-rituals-to-help-you-kick-ass.html

芭芭拉・柯克蘭（Barbara Corcoran）

https://www.huffingtonpost.com/entry/10-morning-routines-of-wildly-successful-entrepreneurs_us_58a0c97fe4b080bf74f03dd8

傑克・多西（Jack Dorsey）

https://www.inc.com/dave-schools/exactly-how-much-sleep-mark-zuckerberg-jack-dorsey-and-other-successful-business.html

萊恩・霍利得（Ryan Holiday）

https://ryanholiday.net/my-morning-routine/

提摩西・費里斯（Tim Ferriss）

https://inc.com/bryan-adams/6-celebrity-morning-rituals-to-help-you-kick-ass.html

奧伯瑞・馬可斯（Aubrey Marcus）

著作：《擁有一天，擁有你的人生》（Own the Day, Own Your Life）[Harper Wave - April 17, 2018]

國家圖書館出版品預行編目資料

有錢人的煉金方「晨」式：把握起床後的黃金1小時，讓財富翻倍！／ 哈爾．埃爾羅德、大衛．奧斯本、昂諾莉．寇德 著；林靜華 譯．
-- 初版. -- 臺北市：平安文化, 2020.3
面； 公分. --（平安叢書；第650種）(Upward；108)
譯自：Miracle Morning Millionaires

ISBN 978-957-9314-49-7（平裝）

177.2　　109000424

平安叢書第650種
UPWARD 108

有錢人的煉金方「晨」式

把握起床後的黃金1小時，讓財富翻倍！

Miracle Morning Millionaires

作　　者—哈爾．埃爾羅德、大衛．奧斯本、昂諾莉．寇德
譯　　者—林靜華
發 行 人—平　雲
出版發行—平安文化有限公司
台北市敦化北路120巷50號
電話◎02-27168888
郵撥帳號◎18420815號
皇冠出版社(香港)有限公司
香港上環文咸東街50號寶恒商業中心
23樓2301-3室
電話◎2529-1778　傳真◎2527-0904
總 編 輯—龔橞甄
責任編輯—平　靜
美術設計—江孟達、黃鳳君
著作完成日期—2018年
初版一刷日期—2020年03月
法律顧問—王惠光律師

讀者服務傳真專線◎02-27150507
電腦編號◎425108
ISBN◎978-957-9314-49-7
Printed in Taiwan
本書定價◎新台幣350元/港幣117元